생각을 바꾸면 인생이 변한다

생각을 바꾸면
인생이 변한다

사이토 에이로 지음

홍윤주 옮김

밀라그로

프롤로그

어느 누구든 걸어온 인생을 되돌아보면 '인생이 변하는 순간들'이 떠오를 것이다.

'그때 그 사람의 한마디에 의욕을 얻을 수 있었어.'

'그때 우연히 읽었던 책 덕분에 더 열심히 해야겠다는 생각을 하게 되었어.'

이와 같은 경험들 말이다.

원하는 인생을 살고 꿈을 이룬 성공한 사람들의 이야기를 들어보면, '인생이 변하는 순간'을 경험했다는 것을 알 수 있다. 성공한 사람들이 '인생이 변하는 순간'을 경험할 수 있었다는 것은, 처음부터 잘하는 사람은 없었다는 말일 수도 있다. 또 누구든 '인생이 변하는 순간'과 조우할 수 있다면, 누구든 성공으로 나아갈 수 있을 것이다.

우리는 어떻게 하면 '인생이 변하는 순간'과 조우할 수 있을까?

　나는 지금까지 코치 또는 트레이너로 약 13만 명의 사람들에게 '인생이 변하는 순간'과 만날 수 있도록 깨달음을 제공했다. 그중에는 큰 깨달음을 얻고 인생을 완전히 변화시킨 사람들이 있다. 하지만 안타깝게도 아무런 변화를 이루지 못한 사람들도 있었다. 이런 경험을 통해 나는 '인생이 변하는 순간'을 맞이했던 사람들에게는 무언가 공통점이 있을 것이라고 생각하게 되었다.

　이 책에서 소개하는 일곱 가지의 이야기에 나오는 일곱 명의 주인공들은 모두 다른 환경과 어려움 속에서 '인생이 변하는 순간'을 경험한 사람들이다. 그들은 각각 전혀 다른 문제

와 고민들을 안고 있었다. 하지만 그들이 어떻게 '인생이 변하는 순간'을 맞이할 수 있었는지 생각해 보면, 역시 본질적인 면에서 공통의 이유가 있었다.

그 이유를 여러 관점에서 독자 여러분들에게 전해 주려고 한다.

나의 인생을 되돌아봐도 수많은 경험 속에서 '인생이 변하는 순간'이 있었다는 것을 떠올릴 수 있다. 그것이 쌓이고 쌓여 지금의 내가 있게 되었다. 그 수많은 경험들 중의 하나를 일곱 가지 이야기 중 제1화에서 소개한다. 아마도 읽고 나면 나라는 사람이 어떻게 만들어졌는지 알게 될 것이다.

또 이 책에서 소개하는 일곱 가지의 이야기는 나 자신의 이야기와 내가 다른 사람에게서 들은 이야기들로, '일의 가치'나 '부부관계', '부모와 자식의 관계', '소중하게 여기는 이상', 그리고 '꿈과 목표' 등을 테마로 정리했다. 이 이야기들은 인생을 살아가는 데 있어서 소중한 것들을 다시 한 번 생각해 보는 계기가 되어줄 것이다. 동시에 일곱 편의 이야기를 단순한 읽을거리로 끝낼 것이 아니라 '인생이 변하는 순간'을 맞이하는 계기로 만들었으면 한다.

성공한 사람들은 어떻게 '인생이 변하는 순간'을 맞이할 수 있었을까. 그리고 어떻게 하면 독자 여러분들도 그 '인생이 변하는 순간'을 맞이할 수 있을까. 이를 마지막 장에 테마별로 정리해 두었다.

당신이 이 책을 다 읽고 나서, '그렇다면 지금 나의 모습은 어떤가?'라고 생각하며, '인생이 변하는 순간'을 맞이하기 위한 첫걸음을 내딛는다면, 그보다 더 큰 보람은 없을 것이다.

차 례

STORY 1

좌절을 이겨내고
다시 시작하다

화장품 영업을 통해 배운 일의 가치

오직 사법고시만을 좇던 대학시절

북해도의 가난한 시골마을인 아바시리(網走)는 겨울이 오면 숨을 들이쉬면 콧속까지 얼어붙는 동토의 땅이다. 여기에 할아버지가 피나는 노력으로 개간한 소중한 토지가 있었다.

이 혹독한 자연에 맞서 부모님은 묵묵히 논밭을 경작하며 인생을 살아왔다.

이것은 내가 소년시절의 추억을 떠올릴 때 가장 먼저 눈앞에 떠오르는 정경들이다.

어느 날, 부모님께서 고교 졸업 후의 진로를 물으셨다. 나는 내심 반대하실 것을 알면서도 도쿄에 있는 대학에 진학하고 싶다고 말했다. 이렇게 혹독한 환경에서 벗어나 무언가 새로운 가능성을 찾고 싶다는 욕구가 내 안에서 솟구쳤기 때문이다.

부모님께서는 화를 내시기는커녕 오히려 웃으시며 순순히 승낙해 주셨다.

나는 어려서부터 늘 고생하는 부모님의 모습을 보며 자랐다. 그래서 더욱 '너는 걱정하지 않아도 돼'라며 나를 안심시키는 두 분의 모습에 뭉클해 하고는 했다.

내가 메이지대학 법학과에 합격했을 때도 부모님께서는 조금의 망설임도 없이 소중한 논밭을 팔아 입학금을 마련해 주셨다.

그런 부모님을 위해서라도 나는 남다른 각오로 학교에 다닐 수밖에 없었다.

나는 모든 일에 필사적으로 매달렸다.

부모님을 생각하며 최선을 다해 입시공부를 했고, 입학 후에는 반드시 부모님께 효도하겠다는 일념으로 더 열심히 공부했다. 그러나 아직 명확한 꿈이나 목표를 갖고 있지 않던 나는 낮에는 공부를 하고 밤에는 학비 마련을 위해 아르바이트를 했다. 언젠가 도움이 될지 모른다는 생각이 들면 무슨 일이든 닥치는 대로 했다. 그러나 도쿄에 온 지 2년이 다 되어도 나는 좀처럼 진정으로 하고 싶은 일을 찾지 못하고 있었다.

그러던 어느 날, 3학년 형법 수업시간 중이었다. 한 교수님의 말이 나의 가슴을 몹시 두근거리게 만들었다.

"법학 공부는 사회의 정의 실현을 위해 해야 한다."

나는 그 말을 듣고 드디어 '진정으로 하고 싶은 일'을 발견할 수 있었다.

"그래, 변호사가 되어야지!"

아무런 목표도 없이 그저 닥치는 대로 밀어붙이기만 하던 나에게 교수님의 그 말 한마디는 한 줄기 희망의 등불과도 같았다.

변호사가 되기 위해 나는 제일 먼저 대학 내에 있는 법제 연구실에 들어가기로 목표를 세우고 공부에 전념했다. 그 결과, 3학년생이 한 번에 들어가기 어렵다고 소문난 시험을 통과하며 당당히 법제 연구실에 들어가게 되었다.

'이제부터는 사법고시를 향해 한 발, 한 발씩 내딛기만 하면 된다.'

어렵게 찾아낸 목표인 만큼 나는 온통 거기에만 열중했다.

같은 연구실 사람들이 "사이토는 늘 계단을 뛰어 올라오니까 발소리만 들어도 금방 알 수 있어."라고 할 정도로 나는 늘 힘차게 연구실로 뛰어 들어갔다. 그리고 시간이 허락될 때까지 연구실에 틀어박혀 필사적으로 법률 공부에 매달렸다.

후배에게 추월당하는 고통

사법고시는 가장 합격하기 어려운 시험이다. 당연히 학생 신분으로 쉽게 붙을 수 있을 거라고 생각하지 않았다.

하지만 그래도 졸업하고 2~3년 정도 공부를 하면 충분히 합격할 수 있을 거라고 믿고 있었다.

법제 연구실을 한 번에 합격한 내 실력을 믿고 자만에 빠져 있었던 것이다.

그러나 4년, 5년이 지나고, 아무리 시간이 흘러도 합격이란 두 글자는 좀처럼 내 손안에 들어오지 않았다. 교만했던 마음들도 이내 전부 사라지고 그 대신 불안과 초조함이 마음 속에 자리를 잡기 시작했다. 동시에 나도 모르게 얼굴을 찌푸리고 고민하는 날들이 많아졌다.

모의시험에서는 늘 합격권이었다.
"이번엔 떨어질 리 없어."라고 생각했어도 결과는 어김없이 불합격이었다.
예전에는 뛰어 올라갔던 연구실 계단도 이제는 돌덩이처럼 무거운 발길을 간신히 내딛는 처지였다.

어느 해, 충격적인 일이 일어났다.
내가 명색이 선배로서 "너도 열심히 해."라며 격려하고는 했던 후배가 사법고시의 벽을 간단히 넘어버린 것이다. 그 후부터는 막혀 있던 담이 무너지기라도 한 듯, 매년 후배들이 나를 가볍게 뛰어넘어 잇따라 합격 통지서를 손에 쥐었다.
나는 시합에서 뒤처진 육상 선수인 양 수치심과 분노를 느꼈다. 그러나 그런 감정도 가방 속에 구겨 넣고 학교로 향할 수밖에 없었다.

모의시험에서 아무리 좋은 성적을 받았어도 사법고시의

마지막 난관 앞에서는 모두 무용지물이었다. 어제까지 함께 공부하던 후배도 시험에 붙으면 그 다음 날부터 나의 지도교사가 되었다. 그리고 나는 여전히 보잘것없는 고시생일 뿐이었다.

"분하다."

나 자신에게 화가 복받쳐 올라 합격한 후배를 축하해 줄 마음이 전혀 생기지 않았다.

"도대체 난 뭘 하고 있는 거지."

극도의 초조함과 조바심 속에서 내가 할 수 있는 것이라고는 고작 지금까지 필사적으로 좇아왔던 목표를 포기하지 않고 붙잡는 것뿐이었다.

이대로 가면 아무것도 되지 못할 것이라는 생각이 점점 강해졌다.

그래서 그런 나 자신을 채찍질하려고 목표에 기한을 정하기로 했다.

"딱 열 번만 도전하자."

10년째, 인생 최대의 좌절을 맛보다

만반의 준비를 하고 아홉 번째 시험에 임했다.

"이번에야말로 진짜 합격이다."

그렇게 확신할 정도로 느낌이 좋았다.

그러나 합격자 명단 그 어디에도 내 이름은 없었다.

"이렇게 열심히 노력했는데 불합격이라니, 믿을 수가 없어."

내가 아무리 노력해도 결과는 늘 '불합격'이라는 현실에 나는 크게 낙심했다. 그러나 낙심한다고 해결될 것은 아무것도 없다는 생각이 들었다.

"아직 한 번 더 기회가 남아 있으니까?"

마음을 고쳐먹고 마지막 1년에 모든 것을 걸기로 했다.

그때부터 1년 동안은 내가 정한 '열 번만 도전하자'는 기한만 바라보며 그야말로 필사적으로 공부에 몰두했다.

그리고 드디어 마지막 열 번째 도전의 날이 다가왔다.

발표 당일, 법무성의 터널같이 생긴 긴 복도 끝에 섰다. 맞은편 끝에는 익숙한 모양의 게시판이 조그맣게 보였다.

"내가 할 수 있는 건 다 했어."

스스로를 격려하며 게시판을 향해 나아갔다.

옆 사람에게 들리는 건 아닌가 싶을 정도로 고장 난 엔진처럼 심장은 쿵쾅거렸다.

복도 중간에서 제자리에 멈춰 섰다.

시험 내용을 다시 되짚어보며 떨어질 리가 없다고 자신을 타일렀다. 그러고는 다시 게시판을 향해 무거운 발걸음을 옮겼다.

나는 마치 최후의 심판을 받듯 조심스럽게 게시판을 올려다봤다.

"…… 없다!"

몇 번씩이나 내 이름을 찾아보았지만 아무리 봐도 내 이름은 없었다. 지금까지 봐왔던 아홉 번의 시험과 마찬가지로 내 이름은 게시판에 없었다.

마음을 바꾸다

사법고시는 열 번만 보기로 다짐했었다. 하지만 막상 열 번을 다 떨어지고 나니 좀처럼 포기할 수가 없었다.

"다시 한 번 보면 이번엔 붙을지 몰라."

변호사가 되고자 공부해 왔던 10년의 세월들을 생각하니 쉽게 뿌리칠 수가 없는 유혹이었다.

그러나 한편으로는 지금까지와는 다른, 무언가 새로운 감정이 솟아오르는 것을 느꼈다.

"그래도 한 가지 일은 끝까지 해냈잖아. 이번에야말로 인생에서 무언가 목표를 이뤄내는 거야."

사법고시에 합격해서 변호사가 되겠다는 목표를 이루지는 못했다. 하지만 나는 분명히 10년간 계속해서 도전해 왔다. 사법고시에 열 번만 도전하겠다는 목표를 정하고 10년 동안 공부하면서 열 번 연속 고시를 치른 것이다.

그렇게 생각하니 '한 가지 일을 끝까지 해냈다'는 안도감이 들었다. 그러자 불현듯 '마음을 바꿔 이번에야말로 다른 무언가에서 목표를 이뤄내야지.' 하는 생각이 들었다.

현재의 나를 지탱해 주는 적극적이고 긍정적인 정신력과

플러스 사고의 원점은 바로 이런 경험에서 만들어졌다. 10년 동안 전력을 다해 하나의 일에 매진했던 경험과 실패를 교훈으로 삼는 사고방식은, 이후 나의 인생에서 큰 재산이 되었다.

하지만 당시의 나는 아직 그런 정신력과 사고방식의 중요성을 완전히 깨닫지 못하고 있었다. 또 그것이 얼마나 강력한 힘을 갖고 있는지 알고 싶은 마음도 없었다.

새로운 인생을 모색하는 나날들

나는 인생의 방향키를 사법고시에서 다른 방향으로 바꾸기로 결심했다.

스무 살 때부터 스물아홉 살 때까지의 10년 동안의 공부, 열 번의 도전을 과거에 묻어두기로 결심한 것이다.

"지금까지 공부할 수 있었던 것도 내 실력을 믿었기 때문이야. 이 일로 자신감을 잃지 말고, 지금까지 포기하지 않고 도전했던 경험들을 자신감으로 바꿔서 다시 도전해야지."

몇 날 며칠을 곰곰이 생각한 끝에, 이렇게 나는 과거를 긍정적으로 받아들이기로 했다. 그리고 이번에야말로 지금까지 했던 것 이상으로 노력해서 모두가 납득할 만한 '결과'를 만들어내기로 했다.

그때부터 본격적으로 '취업활동'을 시작했다.

'목표를 이뤄내겠다.'는 일념 하에, 닥치는 대로 면접에 응모했다. 그러나 취업활동도 결코 호락호락하지 않았다.

아마도 서른 곳 이상의 회사에서 떨어졌을 것이다. 잘 생각해 보면, 사법고시에 열 번이나 응시하고 이미 나이 서른이 된 나를 채용하려고 하는 회사가 있을 리 없었다.

그러던 중, 한 회사에서 몇 번의 면접을 통과하고 최종적으로 임원 면접을 보게 되었다.

잘하면 취업할 수도 있겠다는 기대를 품고 임원 면접에 임했다.

그러나 결과는 나의 기대와 정반대였다. 정중앙에 앉아 있던 사장이 나에게 이렇게 말했다.

"사이토 씨, 당신이 사법고시를 열 번이나 볼 정도로 머리가 좋다는 것은 알겠습니다. 하지만 우리 회사는 몸보다 머리만 커져버린, 머리 좋은 사람은 필요하지 않습니다."

나는 너무나 필사적이었기에 곧바로 대답했다.

"아닙니다. 저는 머리가 나빴기 때문에 열 번이나 떨어진 것입니다."

"하지만…… 머리가 나쁜 사람은 더더욱 필요하지 않습니다."

"……."

너무나 충격적이어서 나는 아무런 대꾸조차 하지 못했다.

화장품 회사에서 맨발로 다시 시작하다

그러던 어느 날이었다. 평소 알고 지내던 한 여성이 화장품 영업을 해보지 않겠느냐고 제안해 왔다. 그녀는 한 화장품

회사의 영업소장으로, 그 회사의 사장을 소개시켜 주겠다고
했다.

지푸라기라도 잡는 심정으로 그녀에게 부탁해서 사장을
만나게 되었다. 그는 입을 열자마자 이렇게 말했다.

"이 직업을 평생 하라고는 하지 않겠습니다. 그러나 만약
당신이 여성들에게 화장품을 잘 팔 수 있다면, 그 다음부터는
무슨 일을 해도 다 해낼 수 있을 겁니다."

사장의 이 결정적인 한마디에 나는 화장품 영업에 온몸을
던지기로 결심했다.

수화기를 드는 것이 무섭다

그러나 그때부터 고생은 다시 시작되었다.
일단은 '뭐가 어떻게 되든지 목표를 이루자.' 라는 의욕을
갖고 화장품 영업의 세계에 뛰어들었다.

하지만 화장품 영업이라고는 한 번도 해본 적이 없으니 우왕좌왕할 뿐이었다. 당연히 화장품은 한 개도 팔지 못했다.

그것뿐일까. 약속을 잡으려고 전화를 걸 때부터 이미 일찌감치 좌절해 있고는 했다.

처음에는 알고 있던 여성들의 리스트를 작성해서 끝에서부터 전화를 걸었다.

서로의 안부를 주고받은 뒤 화장품 이야기를 꺼내면, 내가 오랫동안 고시공부를 해왔다는 걸 알고 있는 상대방은 호되게 쓴 소리부터 해댔다.

"사이토, 화장품 따위나 팔아서 어떻게 하려고? 너 남자 맞아?"

끝에 가서는 '바보 같은 놈'이라는 둥 호된 욕까지 들어야 했다. 그러고 나니 전화 걸기가 너무 무서워졌다.

그 이후로는 상사가 지나갈 때만 전화 버튼을 누르는 척하고, 상사가 빨리 지나가기만을 바라고 있었다. 바늘방석 위에 앉아 있는 것 같은 하루하루가 계속되었다.

결국 대학 연구실에 가기로 결심하다

그러던 어느 날, 영업소장이 나를 자신의 방으로 불렀다. 그녀는 나에게 이 일을 소개해 준 사람이었다. 아무런 성과가 없던 나는 소장이 무슨 말을 할지 불안해하며 회의실로 들어갔다. 그리고는 방 안쪽에 서 있던 그녀의 얼굴을 슬쩍 쳐다보았다.

그녀의 눈에는 눈물이 가득 고여 있었다. 그녀는 이렇게 말했다.

"사이토 씨, 당신 제대로 일하고 있는 거 맞아? 10년 동안 그렇게 열심히 사법고시를 공부했던 사람이 어떻게 이럴 수 있어. 이런 상태로 계속 있다 보면 당신은 분명히 망가질 게 뻔해. 왜 10년씩이나 신세를 졌던 학교 연구실로 안 찾아가는 거야? 거기에는 분명 여자들도 많이 있잖아. 당신, 이번에야말로 뭐가 어떻게 되든 목표를 이루겠다고 하지 않았어?"

나는 그때 마치 따귀라도 한 대 얻어맞은 것처럼 말문이 막혀버렸다.

실은 나도 연구실로 화장품을 팔러 가볼까 하고 몇 번씩이나 생각은 했다. 하지만 도무지 엄두가 나지 않았다.

그 이유는 사법고시를 포기하고 연구실에 발길을 뚝 끊어 버렸기 때문이었다. 연구실 사람들은 내가 어디서 무얼 하고 있는지 전혀 몰랐다. 그런데 갑자기 찾아와서 화장품을 사 달라고 하면 그들이 나를 어떤 눈으로 볼지 안 봐도 훤해 보였다.

'사법고시를 10년씩이나 공부하더니 결국은 포기한 놈'이라는 차가운 눈으로 나를 보지 않을까 하는 두려움이 내 발목을 붙잡았다.

영업소장에게 아픈 곳을 찔린 나는 더 이상 그곳을 피할 수만은 없다는 생각을 했다. 그리고 결국 대학 연구실로 찾아가기로 했다.

연구실을 방문한다고 하자 소장은 "확실하게 은혜를 갚고 오세요."라며 넥타이를 고쳐 매주었다.

그때는 '은혜를 갚는다.'는 말의 의미를 잘 몰랐다. 그저 이렇게 된 이상 시도해 볼 수밖에 없다는 마음으로 나아갔다.

그리고 나에게 정말 소중한 하루가 될 '그날'을 맞이하게 되었다.

평생 잊을 수 없는 망설임 속의 결행

마침내 그날이 다가왔다.

영업소장에게 연구실을 방문한다고 말은 했지만 나는 여전히 불안과 두려움에 사로잡혀 있었다.

그래도 나는 가야 했다.

오랜만에 찾은 학교는 내가 매일 다니던 당시와 아무것도 달라진 게 없었다.

학교 정문을 지나면 교정이 나오고 그 끝에 늘 뛰어 올라가던 연구실 계단이 있다. 연구실이 가까워질수록 심장 뛰는 소리가 점점 커졌다.

한 발, 한 발 계단을 올라가고 있지만 발에 쇳덩이라도 달린 것처럼 발걸음이 무거웠다. 계단을 올라가는 도중 위에서 사람이 내려오자 나도 모르게 얼굴을 감추기도 했다.

그러나 다시 한 발, 한 발 운명의 문을 향해 걸어갔다.

심호흡을 하고 대학원생들이 모여 있는 응접실의 문고리를 돌렸다. 손이 부들부들 떨리는 것을 가까스로 참아야 했다.

할 수만 있다면 여기서 도망치고 싶다는 생각이 한순간 머리를 스쳐 지나갔다.

'여기서 도망치면 아무것도 달라지지 않는다.'

이렇게 자신을 타이르고는 큰마음을 먹고 문을 열었다.

'가급적이면 아무도 없었으면 좋겠다.'

'모르겠다. 될 대로 되라.'

이런 마음으로 눈을 질끈 감고 응접실 안으로 들어가 보니, 무려 수십 명의 사람들이 모여 있었다.

그 순간, 모든 사람의 시선이 마치 집중포화라도 퍼붓는 것처럼 나를 향했다.

"어, 사이토다."

"사이토, 그동안 어떻게 지냈어?"

나는 순식간에 수십 명의 사람들에게 포위되었다.

드디어 화장품을 팔다!

나는 꼼짝도 못하고 수십 명의 사람들 앞에 그대로 서 있었다. 방 안에 있던 사람들 중 한 명이 내 가방에 관심을 갖기 시작했다.

"가방엔 뭐가 들었어?"

"왜 정장 같은 걸 입고 온 거야?"

싸늘한 시선과 호기심이 오가는 가운데 나는 용기를 내어 가방을 열었다.

그 순간 방 안의 공기가 얼어붙은 듯 조용해졌다.

"너 설마 이걸 팔려고 온 건 아니지?"

"화장품 영업 하는 거야?"

비난 같기도 하고 경멸 같기도 한 목소리들이 여기저기서 들려왔다. 마치 내가 재판을 받는 죄인 같다는 느낌이 들었다.

모두가 무슨 생각을 하고 있는지 훤히 알 수 있었다.

'10년이나 고시공부를 했어도 실패하면 결국 저렇게 끝나고 마는구나.', '저렇게 되지 말아야지.' 하는 복잡한 심정으로 바라보는 듯했다.

그러나 그때, 대부분의 사람들과는 다른 생각으로 나를 바라보는 한 사람이 있었다.

그 사람은 나도 잘 아는, 그다지 눈에 띄지 않는 수수한 외

모의 여자였다.

그녀는 조금 떨어진 곳에서 상황을 지켜보고 있다가 사람들에게 둘러싸여 얼굴이 새빨개진 나를 붙잡고 말을 꺼냈다.

"잠깐 그거 들고 이리 좀 와봐." 하더니 나를 억지로 응접실에서 데리고 나갔다. 그러고는 다른 여자 친구들 네 명과 함께 나를 빤히 들여다보았다.

나는 불안함과 부끄러움이 뒤섞인 복잡한 심정으로 그녀의 얼굴을 바라보았다.

"사이토, 화장품에 대해 자세히 설명해 줘."

그녀는 바로 나에게 화장품에 대해 설명할 기회를 준 것이었다.

나는 최선을 다해 설명하기 시작했다.

그러나 그때까지 상품 설명을 끝까지 해본 적이 없었던 내가 설명을 잘할 리 없었다. 그럼에도 불구하고 나는 그때 뭐라고 얘기했는지 기억나지 않을 정도로 최선을 다해 설명했다.

더듬거리면서도 끝까지 설명을 마친 나는 불안한 마음으로 그녀의 얼굴을 올려다봤다.

그러자 잠깐의 침묵 뒤에 그녀의 입에서 믿을 수 없는 말이 튀어 나왔다.

"무슨 말인지는 잘 모르겠지만, 사이토가 그렇게 열심히 추천하는 거니까 한번 써 볼까."

그녀는 그렇게 말하고는 나머지 네 명에게도 추천해 주었고, 결국 다섯 명 전원이 화장품을 세트로 사게 되었다.

"사이토, 여성은 모두 아름다워지고 싶어 해. 여성을 아름답게 해주는 화장품 영업은 변호사나 판사와 마찬가지로 훌륭한 일이야. 누가 뭐라고 하든 다른 사람들 눈은 신경 쓰지 말고 열심히 해."

이 말을 듣고 나는 마치 벼락을 맞은 것 같은 느낌이 들었다.
그때 비로소 나는 내가 줄곧 화장품 영업을 부끄럽게 여기고 있다는 사실을 깨달았다.

착각에서 깨어나다

처음으로 화장품을 팔아 본 기쁨과 '화장품 영업은 훌륭한 일'이라는 말 덕분에 나는 그동안의 어리석은 생각에서 벗어나게 되었다.

그리고 이 기쁨에 내 얼굴은 온통 눈물로 범벅되었다. 연구실을 뒤로하고 돌아오면서 나는 영업소장이 말한 '은혜 갚기'란 말의 진정한 의미를 알게 되었다.

처음에는 그토록 무거웠던 발걸음도 돌아갈 때는 점프해서 뛰어가고 싶을 정도로 가벼워졌다.

직업에 좋고 나쁨은 없다. 좋은 직업인지 나쁜 직업인지를 구분하는 것은 자신의 사고방식에 지나지 않는다. 어떤 직업이든지 분명 좋은 점이 있게 마련이고, 중요한 것은 자신이 얼마나 그 직업에 긍지를 갖고 있느냐이다.

나는 이를 깨닫고 나서는 마치 다른 사람이 된 것처럼 화장품을 마구 팔아대기 시작했다.

너무 열중한 나머지 점심을 먹는 것도 잊고 영업에 몰두할 정도였다.

일에 임하는 자세나 의식, 화장품 영업이라고 하는 직업에 의미를 부여하는 태도가 변하자 성과는 저절로 따라왔다.

　그 후 나는 연구실에도 자주 들르고, 부인회 같은 곳에도 찾아가서 많은 사람들을 소개받았다. 그리고 회사 설명회에 찾아온 고객들에게 지인을 소개받기도 하면서 점점 매출을 올려 나갔다.
　그로부터 반년 후, 약 육백 명 정도 되는 영업직원들 사이에서 나는 '이 달의 영업왕'이 되어 사장이 주는 상도 받게 되었다. 그토록 바라던 '목표'를 처음으로 이뤄낸 순간이었다.

　그것은 사법고시를 포기하고 1년이 지난 서른한 살 때의 일이었다.

　그 뒤로 나는 기막히게 좋은 만남을 통해 인재교육의 일에 종사하게 되었고, 트레이너가 되었다. 내가 트레이너가 될 수 있었던 것은 사법고시에 도전했던 일이나 화장품 영업에서 성과를 냈던 경험이 있었기 때문이었다.
　나는 현재의 상황을 바라보며 오히려 그때 사법고시에서 떨어진 것이 다행이라고 생각한다.

만약 합격했더라면 지금 이렇게 인재교육 트레이너로, 많은 고객들의 인생에 공헌하는 보람된 삶을 살 수 없었을 것이다.

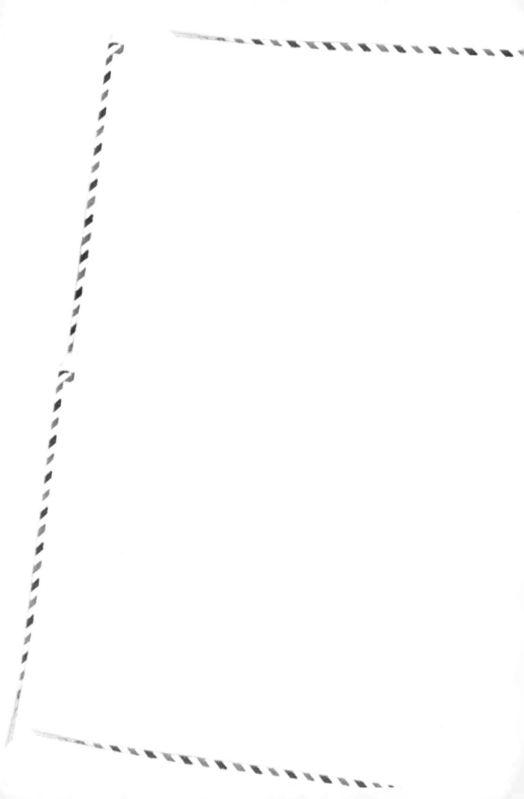

STORY 2

'수고하셨어요.'가
가르쳐 준 것

행복을 되찾은 어느 부부의 이야기

오늘도 늦게 들어오는 남편

"오늘도 또 12시 넘어서 들어오려나."

밤도 깊어지고 텔레비전에서는 벌써 12시 뉴스가 시작되었다. 스즈키 유코는 시계를 들여다보며 혼잣말로 중얼거렸다. 테이블 위에는 자신이 직접 만들어 놓은 햄버거가 차갑게 식어 있었다. 그녀는 텔레비전 화면에 대고 자신도 모르게 큰 한숨을 내쉬었다.

이것은 늘 어긋나기만 하는 어느 부부의 이야기이다.

유코는 서른세 살의 전업주부이다. 결혼 7년차로, 대기업에서 토지개발업을 하는 남편 마모루와 다섯 살짜리 딸 시호와 함께 살고 있다.

12시 30분이 조금 지났을 무렵, 그제야 마모루가 들어왔다. 그녀는 현관까지 걸어오는 발소리만 들어도 오늘도 그가 지쳐 있다는 것을 알 수 있었다.
"다녀왔어."
그는 현관문을 열고 묵직한 가방을 툭 내려놓더니 귀찮은 듯이 구두를 벗고 올라왔다.

그때까지 유코는 자신이 그렇게 화가 나 있다고 생각지 않았다. 하지만 남편의 그런 모습을 보고 있자니 점점 화가 치밀어 올랐다.
"왜 이렇게 늦게 들어와? 늦으면 늦는다고 전화라도 하던가. 전화 한 통 하고, 문자 하나 보내는 게 그렇게 힘들어? 언제나 이런 식이라니까, 당신이란 사람은!"
이런 말들이 입에서 튀어나왔다.
"미안해, 오늘도 좀 바빴어. 나 피곤하니까 그만 씻고 잘게."

44

그는 그녀가 퍼붓는 잔소리를 피하듯 그대로 욕실로 들어가 버렸다.

"저녁은?"

그녀가 화를 누그러트리고 물어도 "됐어, 오늘은 그냥 잘래." 하는 한마디 말만 욕실에서 들려올 뿐이었다.

"필요 없으면 필요 없다고 전화라도 해! 진짜 짜증나."

그녀는 점점 더 화가 쌓여만 갔다.

결혼 초기에는 사이가 좋았지만, 최근에는 대화도 줄고 왠지 서먹서먹한 관계가 되어 버렸다.

결국 딸의 생일에 폭발해 버린 아내

그날은 하나밖에 없는 딸 시호의 다섯 번째 생일이었다. 유코는 조금 들떠 있었다.

"오늘은 시호 생일이니까 절대로 늦으면 안 돼." 하고 남편에게 다짐을 받아 놓았었다.

"오늘은 오랜만에 셋이서 함께 저녁 먹을 수 있겠다. 실력을 좀 발휘해서 로스트비프도 만들었으니까 맛있게 먹어야지."

오븐을 열자, 잘 익은 고기 냄새가 풍겨왔다. 생일 케이크도 그녀가 직접 만들었다. 시호도 거들어줘서 꽤 좋은 모양새가 되었다.

시호도 즐거운 듯이 저녁식사 준비를 도왔다.

"엄마, 오늘은 내 생일이니까 아빠도 일찍 들어오겠지?"

"그럼, 아무리 바빠도 오늘은 우리 시호 생일인데."

그러나…….

8시, 9시가 지나도 남편은 전혀 돌아올 기색이 없었다. 어느덧 10시가 되었다. 집 안은 불이 꺼진 듯 조용했다.

오늘의 주인공이 되어야 할 시호는 엄마의 얼굴이 무서워서 꼼짝도 못하고 가만히 있을 수밖에 없었다.

그러나 시호는 아직 다섯 살에 불과했다. 슬픈 얼굴로 유코 곁으로 다가와 작은 목소리로 말했다.

"엄마, 배고파. 엄마, 졸려."

화가 머리끝까지 치밀어 있던 그녀는 그제야 시호가 너무나 가여운 얼굴을 하고 있다는 것을 깨달았다.

"아빠는 그냥 내버려두고 우리 둘이 파티 할까?"라고 말하며 차가워진 로스트비프를 두 조각으로 나누어 담았다.

"시호야, 생일 축하해."

유코는 최대한 화가 얼굴에 드러나지 않도록 어색한 미소를 지으며 시호에게 말했다.

하지만 시호는 조금도 기뻐 보이지 않았다.

그로부터 2시간 정도가 흐른 12시 30분쯤이었다. 남편이 돌아온 시간은 결국 평상시와 다름없었다.

현관문을 열고 그가 안으로 들어오자마자 유코는 남편에게 캐묻기 시작했다.

"당신, 오늘이 무슨 날인지 잊었어?"

그녀는 이미 화가 머리끝까지 치밀어 있었다.

그는 고개를 숙인 채 나지막한 목소리로 그저 미안하다고 말할 뿐이었다.

그 모습을 보자 유코는 더욱 화가 치밀어 올랐다.

"일이 얼마나 바쁜지는 모르겠지만, 그게 딸 생일보다도 더 중요해? 시호도 계속 안 자고 기다렸단 말이야. 오늘 정도는 어떻게 해줘야 되는 거 아냐?"

그녀의 고함소리만이 온 집안에 공허하게 울려 퍼졌다.

아무리 최선을 다해도 몰라주는 남편

그녀는 최근 혼잣말을 할 때가 많아졌다. 세탁물을 베란다에 널 때도 무언가 계속 중얼거렸다.

"청소하고, 빨래하고, 밥하고, 장 보고, 애 보고…… 그렇게 해도 그 사람은 고맙다는 말 한마디가 없어."
"일이 바쁜 건 알겠지만, 나라고 뭐 한가한 줄 알아? 그런데도 그 사람은 내 생각은 하나도 안 하고 말이야……."
"요즘엔 매일 무슨 말을 해도 건성으로 대답해."
혼잣말을 하면 할수록 그녀는 더욱 외로워졌다.

친구에게 상담을 하다

유코는 같은 아파트 단지에 사는 시미즈에게 상담해 보기로 했다.
그녀는 시호와 같은 유치원에 다니는 아이 엄마였다. 성격이 아주 밝고 진솔해서 그런지 다른 엄마들도 그녀에게 자주 상담을 요청하고는 했다.

남편 때문에 고민하던 유코는 더 이상 견디지 못하고 시미즈에게 모든 걸 털어놨다.

"너무하지 않아요? 늦어도 항상 전화 한 통 없어요. 죽어라 일만 하고. 나랑 시호는 코딱지만큼도 생각나지 않나 봐요. 전에도 시호 생일이라고 분명히 말했는데 밤늦게까지 안 들어오는 거예요. 그게 말이나 돼요?"

시미즈는 친언니처럼 그녀의 이야기를 끝까지 들어주었다. 그러고는 자신의 경험담을 들려주었다.

"우리도 얼마 전까진 그랬어요. 관계도 서먹해지고 정말로 힘들었죠. 둘 다 고집불통이어서 며칠 동안 말 한마디 안 했어요. 최악이죠? 그런데 그 일이 있고 나서부터는 상대방의 기분을 조금씩 알게 되었어요. 그랬더니 마음이 한결 편해지는 거 있죠. 서로 고집을 부리는 게 바보처럼 느껴지고 말이죠. 남편이 매일 늦게 들어오는 건 가족을 위해 열심히 일하기 때문이잖아요. 그리고 확실히 말은 안 해도 속으로는 틀림없이 아내에게 고마워하고 있을 거예요. 아내가 가정을 지켜주니까 안심하고 일할 수 있는 거 아니겠어요? 그렇죠? 늦게 들어왔을 때도 분명히 따님의 귀엽게 잠든 얼굴을 보고 싶을 걸요. 누가 뭐라고 해도 지금이 가장 귀여울 때니까요."

유코는 이렇게 행복해 보이는 사람에게도 어려움이 있었다는 사실에 깜짝 놀랐다. 그리고 상대방의 기분을 알게 되었다는 '그 일'이 무엇인지 몹시 궁금했다.

시미즈도 그걸 알았는지 조용히 그것을 가르쳐 주었다.

작은 목소리로 "수고하셨어요."라고 말하라

시미즈가 가르쳐 준 '그 일'은 매우 간단한 것이었다. 그러나 실행에 옮기기까지는 상당한 용기가 필요했다.

유코는 과연 그렇게 하는 것이 무슨 의미가 있을까 하는 의문이 생겼다. 하지만 무슨 일이든지 부딪혀 봐야 한다는 생각에 당장 실행에 옮기기로 결심했다.

그날도 남편은 12시가 넘어서 돌아왔다.

그는 늘 그랬듯이 욕실을 향해 빠른 걸음으로 걸어갔다.

그녀는 왠지 초조하고 불안한 마음을 누르고 욕실로 향하는 남편의 등 뒤에서 "수고하셨어요."라고 모기만 한 목소리로 말했다.

정말 작은 목소리였다. 그런데 갑자기 그가 그 한마디를 들더니 자리에 멈춰 서는 것이었다. 그는 놀란 표정으로 뒤를 돌아봤다.

그러고는 조금 당황한 기색으로 "응." 하고는 그대로 욕실로 들어가 버렸다.

시미즈가 가르쳐 준 '그 일'은 남편에 대한 고마움을 담아, 집에 돌아왔을 때 가장 먼저 "수고하셨어요."라고 말해 보라는 것이었다.

"수고했다고 말을 해도 아무것도 바뀌는 게 없잖아."
그래도 모처럼 용기를 내서 말했으니까 좀 더 계속해 보기로 했다.

다음 날은 전날보다 좀 더 큰 목소리로 "수고하셨어요."라고 말을 했다. 그러자 왠지 그리운 느낌이 들었다. 그러고 보니 신혼 때는 거의 매일 그 말을 하다시피 했었다. 그런데 시간이 지나면서 마치 어딘가에 두고 오기라도 한 것처럼 '수고하셨어요.' 라는 말을 하지 않게 되었다.

그녀는 불현듯 언제부턴가 남편에 대한 고마움을 잊고 불평만 하며 지내왔다는 것을 깨닫게 되었다.

무의식중에 '나는 좋은 아내' 라고 생각했을 뿐, 현실은 전혀 그렇지 않았다는 것을 깨닫게 된 것이다.

그녀는 남편에게 품었던 불만들에 대해 곰곰이 생각해 보기 시작했다.

그리고 '이제부터는 좀 더 고마운 마음을 표현해야지.' 라고 마음먹었다.

"어쩌면 일방적으로 남편 탓만 하다가 나 스스로 피해자가 된 것인지도 몰라."

이제까지의 자신의 행동을 떠올려 보다가 그녀는 조금 부끄러워졌다.

다음 날, 남편이 돌아왔을 때 그녀는 고마운 마음을 담아 "수고하셨어요. 항상 고마워요."라고 말했다.

남편에게도 찾아온 변화

그러자 처음에는 아무런 대꾸를 하지 않던 남편도 회사에서 있었던 일을 조금씩 이야기하게 되었다.

그리고 '수고하셨어요.' 라고 말하는 것이 이제는 너무나 자연스러운 일이 되었을 무렵이었다.

그녀는 평소와 마찬가지로 "수고하셨어요."라고 말하며 밝은 모습으로 남편을 맞이했다. 그런 그녀에게 그가 이렇게 말했다.

"매일 늦게 들어와서 미안해. 이제부터는 가능한 한 빨리 들어오도록 할게."

두 사람은 마주보고 방긋 웃었다.

실은 그녀가 '수고하셨어요.' 라고 말하기 시작했을 무렵, 그도 내심 '내가 이렇게 늦게까지 일할 수 있는 것은 다 유코가 가정을 잘 지켜주고 있기 때문이야. 그런데 마치 공기처럼 그 자리에 있는 걸 당연하게 여기고 고마운 마음을 잊고 있었구나?' 하고 깨닫고는 반성하고 있었다.

그리고 그녀의 불평으로 인해 꽁꽁 얼어붙어 있던 마음이 서서히 녹기 시작했다.

마침내 "매일 늦게 들어와서 미안해."라는 한마디가 마음속에서 우러나오게 된 것이다.

유코가 용기를 내서 '수고하셨어요.'라고 남편에게 했던 말이 바로 인생을 변화시키는 순간이었다.

다른 사람을 변화시킬 수는 없지만 자기 자신은 변화시킬 수 있다. 설령 내가 원하는 대로 상대방이 움직이지 않아서 화가 나더라도 자신이 어떤 행동을 취할 것인가는 자기 스스로 결정할 수 있다.

유코는 남편이 늦게 퇴근하는 것에 대해 처음에는 늘 불평으로 일관했다.

하지만 조언을 듣고 나서부터는 남편에게 '수고하셨어요.'라는 위로의 말을 건네며 자신의 행동을 바꿨다.

그녀는 '상대방에게 불만을 갖거나, 상대방이 고쳤으면 하는 마음을 갖기 전에 먼저 자신이 고쳐야 하는 것은 없는지 생각하고 실제로 행동해 봐야 한다.'는 매우 중요한 사실을 깨달은 것이다.

'수고하셨어요.' 가 가르쳐 준 것

며칠 후 유코는 시미즈를 점심에 초대했다.

"고마워요. 덕분에 소중한 걸 배웠어요. '수고하셨어요.' 라는 말 한마디로 남편과의 관계가 조금씩 좋아졌어요. 그동안 저도 모르게 감사의 마음을 잊고 있었나 봐요."

"그랬군요. 중요한 걸 깨달아서 다행이에요."

"부부라는 것이 늘 곁에 있다 보니까 자칫 감사의 마음을 잊기 쉬운 거 같아요."

"맞아요. 그래도 이제 그런 사실을 깨달았으니, 앞으로는 분명 잘 해나갈 수 있을 거예요. 저는 하루에 열 번씩은 꼭 고맙다는 말을 하기로 나 자신과 약속했어요. 그렇게 약속해 놓으면 자연스럽게 고마운 마음을 간직할 수 있으니까 한번 해 보세요."

"아~ 그거 좋네요. 그럼 저도 이제부터는 '고마워요.' 를 매일 열 번 이상 말해 볼게요."

두 사람은 점심을 먹으며 남편에 대한 이야기 등, 한참동안 이야기꽃을 피웠다.

유코의 변화를 가장 기뻐한 사람은 아마도 시호일 것이다.

"엄마, 요즘엔 화를 별로 안 내네."

시호는 상냥한 엄마가 너무 좋았다.

유코는 혼자 있을 때 "수고하셨어요."라고 다시 한 번 속으로 되뇌어 보았다.

이 말은 그녀에게 많은 것을 가르쳐 주었다.

"이 말을 소중히 여겨서 앞으로도 줄곧 우리 가족들과 행복하게 살아야지."

그녀는 이렇게 미소를 지으며 오늘도 남편이 돌아오기를 기다리고 있다.

STORY 3

힘겨웠던
침체기에서
벗어나다

신인상 수상 이후 좌절한
세일즈맨이 발견한 일의 의미

순조로운 출발

스물일곱 살의 미즈노는 한 판매회사에서 영업을 하고 있
다.

친구의 소개로 아르바이트부터 시작해서 지금은 어엿한
정사원이다.

그는 원래부터 지는 것을 싫어하는 성격으로, 학생 때는
농구부 활동을 했었다. 그때의 경험을 살려 농구시합을 하듯
영업에 몰두하자 흥미롭게도 좋은 성과를 내기 시작했다.

회사에서도 능력을 인정받아 보기 좋게 정사원으로 채용

되었다.

　정사원이 되고 난 후에도 그는 경험 부족으로 헤매고 있는 동기들을 제치고 점점 실적을 쌓아 나갔다.
　"저 녀석, 대단한데."
　그는 동기들 사이에서는 물론 선배들 사이에서도 주목을 받으며 회사 내에서 꽤 유명인사가 되었다.
　입사한 지 반년 만에 신인상도 받게 되었다. 모든 사람 앞에서 사장님이 그에게 트로피를 건넸다.
　앞으로도 모든 것이 순조롭게 흘러갈 것 같았다.
　주위 사람들 모두 그렇게 생각했고, 자신 역시 그렇게 될 것을 조금도 의심하지 않았다.

　추락하기 시작하다

　신인상을 받은 지 반년 만에, 입사 2년차를 맞이하던 때에 그는 추락하기 시작했다.
　입사한 지 1년이 지나자 동기들도 서서히 영업의 요령을

익히기 시작하면서 실적을 늘려나갔다. 대기업인 만큼 우수한 인재들도 많으니 경험만 쌓이면 그런대로 실적이 올라가는 것이 당연했다. 그때까지 독주하던 자신의 실적과 견줄 만한 동기도 나오기 시작했다. 몇몇은 그보다 더 좋은 실적을 내기도 했다.

그래도 나름 괜찮은 실적을 올리던 그는 처음에는 그런 그들을 여유롭게 바라보았다.

그러나 언제부턴가 자신의 실적이 눈에 띄지 않자 점차 초조함을 느끼게 되었다.

"지금까지는 나의 독무대였는데 이제 와서 자리를 빼앗기다니, 큰일이다."

이런 생각이 들어 더욱 필사적으로 일에 매달릴수록 지금까지와는 다르게 실적이 오르지 않았다. 오히려 계속해서 곤두박질칠 뿐이었다. 지금까지 잘 돌아가던 톱니바퀴가 점점 어긋나고 있었다.

예전에는 너무 기다려졌던 영업 실적 게시판도 이제 더 이상 쳐다보고 싶지도 않았다.

아침에 일어나는 것조차 고통스럽다

어느 날 아침, 그는 좀처럼 잠자리에서 일어날 수가 없었
다. 전날 회사 화장실 안에서 우연히 자신에 대해 험담을 하
는 말을 들었기 때문이다.
"출발이 아무리 좋아도 지금은 저 모양이니."
"저렇게 되지 말아야 되는데 말이야."
생각하지 말자고 해도 그때 들었던 말들이 계속 머릿속을
맴돌았다.

그는 이불 속에서 몸을 뒤척거리며 몇 번이나 한숨을 쉬었
다.
"회사에 가기 싫다……."

침대 옆에 있는 시계를 보니, 출근하기에 이미 아슬아슬한
시각이었다. 어떻게든 몸을 일으켜 보려 해도 온몸에 나른함
만 느껴질 뿐이었다.
겨우 나른함을 떨쳐내고 침대에서 일어서려는 찰나, 그는
발밑에 무언가 차가운 것을 밟고 휘청거렸다.

바로 예전에 사장님에게 받았던 신인상 트로피였다.

아르바이트 시절에 신세를 졌던 과장님과의 한잔

그는 무거운 발걸음을 이끌고 회사로 향했다.

책상 위에 가방을 던지고 실적 게시판을 보니, 자신의 이름 옆이 텅 비어 있었다.

벌써 이번 달도 반 이상이 지나가 버렸다. 마음은 초조했지만 전화를 할 여력조차 없었다.

어디다 전화를 걸어야 할지도 모르겠고, 또 전화를 걸어서 무슨 말을 어떻게 해야 할지도 망설여졌다.

어떻게 해야 그나마 예전의 실적이라도 올릴 수 있을지 도무지 알 수 없었다. 어떻게 하면 좋을지 몰라 그저 멍하니 있을 뿐이었다.

그런 미즈노에게 누군가 말을 걸어왔다. 뒤돌아보니 회사에서 가장 존경하는 타카조 과장이 바로 뒤에서 웃으며 서 있었다.

그는 최고의 세일즈맨으로 늘 좋은 실적을 올렸다. 그러면서도 시간이 있을 때면 후배들의 고민을 들어주거나 격려하며 친형처럼 조언해 주기도 해, 많은 사원들의 존경을 한몸에 받는 사람이었다.

또 그는 미즈노가 아르바이트생이었을 때부터 늘 보살펴 주던 선배였다. 미즈노에게 정사원이 되지 않겠냐고 권유해 준 사람도 타카조 과장이었다.

"오늘 저녁에 시간 되나? 오랜만에 저녁이라도 먹으러 갈까?"

"오늘요……?"

자신이 지금 얼마나 비참한 상황에 놓여 있는지 타카조 과장이 모를 리가 없었다.

'무슨 말을 하려나.'

그런 생각이 들자 어깨가 움츠러들었다.

타카조 과장은 대답을 머뭇거리는 그의 어깨를 가볍게 툭 치며, "그럼 7시에 1층 로비에서 만나자고. 늦지 마."라고 말한 뒤 사무실을 빠져 나갔다.

타카조 과장의 한마디

"오늘 하루도 수고하셨습니다. 건배!"

그곳은 아르바이트생 때, 타카조 과장이 데려갔던 한 선술집이었다.

단숨에 맥주잔을 비우는 사이에, 아르바이트를 하던 당시의 자신과 타카조 과장의 모습이 선명하게 떠올랐다.

그때는 희망과 의욕이 불타올랐었다.

'어디서부터 뭐가 잘못된 거지?'

그는 타카조 과장과 이야기를 나누면서도 머릿속으로는 온통 그런 생각만 하고 있었다.

그는 그런 기분을 감추려고 자신의 이야기는 피하고 타카조 과장의 근황에 대해 묻기 시작했다.

타카조 과장은 변함없이 일을 척척 해치우고 있었다.

"과장님은 어떻게 그렇게 성과도 잘 내시면서 후배들까지 챙겨주실 수 있는 겁니까? 저 같은 놈은 절대로 못해요. 과장님의 그런 열정을 배우고 싶지만……."

타카조 과장은 조용히 바라볼 뿐, 아무 말도 하지 않았다.

마치 그가 다음에 무슨 말을 할지, 그 말을 기다리는 듯했다.

그는 띄엄띄엄 말을 꺼내기 시작했다. 영업 실적이 제자리 걸음 하고 있는 것, 동시에 일에 대한 열정이 사라져버린 일, 그리고 거기서 벗어나려고 필사적으로 매달릴수록 오히려 더 바닥으로 떨어지는 것 등을 솔직히 털어놓았다.

타카조 과장은 그저 고개를 끄덕일 뿐이었다.

"저 어떻게 하면 좋을지 모르겠어요."

그는 마지막으로 울먹이듯 중얼거렸다.

마치 그 말을 기다리기라도 했다는 듯이 타카조 과장은 조용히 묻기 시작했다.

"무엇을 위해 이 일을 하나?"

무엇을 위해 이 일을 하는지를 보고서로 정리하다

"실적을 올리는 것, 후배의 고민을 들어주는 것, 표창을 받는 것, 출세하는 것, 이런 것들이 중요한 게 아니야. 중요한 것은 지금 하는 이 일이 자신에게 어떤 의미가 있는지, 그것을 본인이 알고 있느냐가 중요한 거야."

"무엇을 위해서……?"
타카조 과장이 하는 말의 의미를 잘 이해하지 못했다.

"너는 실적을 올리는 것이 자신에게 있어 어떤 의미가 있는지, 그 진정한 의미를 모르면서 그저 냅다 달리기만 한 거 아냐? 그러니까 그렇게 좋은 실적을 올리던 네가 이깟 대수롭지 않은 일 때문에 이렇게 헤매는 거지. 왜 매일 이 일을 하는가? 무엇을 위해 일하는가? 이 일은 내게 어떤 의미가 있는가? 이런 것들을 잘 생각해 봐야 해. 열정이니 실적이니 하는 것보다 먼저 이런 것들을 진지하게 생각해 봐야 한다고."

처음에는 타카조 과장의 말이 무슨 뜻인지 잘 몰랐다. 하지만 타카조 과장이 이해할 수 있도록 느긋하게 이야기해 준 덕분에 차츰 납득이 되었다.

'그러고 보니 지금까지 무엇 때문에 이 일을 하는지에 대해 한 번도 생각해 본 적이 없네.'

실적이 오르지 않아서 기가 한풀 꺾인 다음에는 그저 초조해 하기만 할 뿐이었다. 이 일에 대한 의미나 목적 같은 것은 전혀 생각해 보지 않았다.

그는 스스로 답을 찾아내려고 고개를 숙인 채 침묵하고 있었다. 그런 그의 어깨를 툭 치며 타카조 과장이 말했다.

"좋아. 그럼 자네에게 특별 숙제를 내주겠네. 이번 주 중으로 무엇 때문에 이 일을 하는지, 어떤 사람이 되고 싶은지를 생각해 보고, 보고서로 작성해서 나에게 제출하도록 해."

"네? 보고서를 말입니까?"

"그래. 이 일을 하는 의미, 기쁨, 어떤 것을 소중히 하며 살 것인지, 그리고 앞으로 어떤 사람이 될 것인지를 철저히 생각해 보라는 거야."

현재의 자신의 모습에서 벗어나다

집에 도착하니 10시가 조금 넘은 시각이었다. 그는 오늘 타카조 과장과 주고받은 이야기들을 떠올렸다.

"과장님은 실적이 떨어진 것을 이상하게 여기거나 꾸짖지 않으셨어."

"아무에게도 말하지 못하던 고민을 들어주시고 구체적으로 조언까지 해주셨어."

타카조 과장의 자상함에 힘을 얻어, 앞으로 열심히 해서 이제까지의 실적을 만회해야겠다는 의욕이 솟아났다.

그는 노트를 펼쳤다.

그러고는 가장 먼저 '나는 왜 이 일을 하고 있는가?' 라고 크게 써 보았다.

그리고 그 옆에는 '나는 어떤 사람이 되고 싶은가?' 라고 썼다.

그는 두 가지의 질문을 지금까지 단 한 번도 해본 적이 없었다.

자신에게 몇 번이나 질문을 던져 보았지만, 아무리 애를 써 봐도 답이 떠오르지 않았다.

그는 지금의 내 상황과 다를 게 없다는 생각이 들어 쓴웃음이 나왔다.

그리고 자신이 지금까지 이렇게 아무 생각도 없이 일만 해왔다는 사실도 새삼 깨닫게 되었다.

'이렇게 다시 생각하고 있다는 것 자체가 한 걸음 나아간 건지도 몰라.'

그렇게 생각하니 마음이 한결 가벼워졌다.

자연스럽게 학창시절 농구부를 하면서 경험했던 추억도 떠올랐다.

"매일 신발이 다 떨어질 정도로 연습했을 때의 만족감, 주전선수로 뽑혀 시합 날까지 맹렬히 달리던 날들, 시합에서 득점했을 때의 감격은 절대 잊을 수 없지. 그리고 모두가 한마음이 되어 시합에서 이겼을 때의 기쁨은 어느 무엇과도 바꿀 수 없었어. 팀의 에이스로 활약할 수 있었던 것도 기뻤고. 모두에게 힘이 되는 사람이 되고 싶다고 생각했었는데……. 나를 지켜봐 주신 코치님과 감독님, 선생님들을 위해, 그리고 무엇보다 팀 동료들을 위해 있는 힘껏 뛰면서 말이야."

어느새 그날의 일들이 현재의 일들과 겹쳐지기 시작했다.

"그런 기분으로 일할 수 있다면 정말 최고이겠는 걸."

"고객이 구매하겠다고 말할 때까지의 긴장감은 농구시합 도중의 긴장감과, 그리고 계약을 성사시켰을 때의 기쁨은 상대 수비를 피해 골을 넣었을 때의 기쁨과 왠지 비슷한 거 같은데."

그리고 무엇보다 '모두에게 힘이 되고 싶다.' 는 생각, '모두를 기쁘게 하고 싶다.' 는 마음과 비슷했다.

그는 '이 일을 하는 의미' 에 대해 답을 서서히 찾아가고 있었다.

그러다가 갑자기 '왜 이 일을 하고 있는가?' 에 대해 단숨에 적어 내려가기 시작했다.

자기 스스로 내린 답

그는 아무런 망설임도 없이 '일을 하는 의미' 를 노트에 적기 시작했다.

내가 제공한 상품이 고객에게 도움이 되어 고객이 기뻐하면 좋겠다. 영업 실적을 올려 회사가 기뻐하면 좋겠다. 동기들이나 선배, 후배, 무엇보다 나를 돌봐주신 타카조 과장님이 기뻐하면 좋겠다.

이것이 미즈노가 적은 답이었다.

"나는 많은 사람들이 기뻐할 수 있는 일을 하고 싶어!"

그는 이런 것도 모른 채 낙심하고 괴로워하기만 했던 자신이 부끄러워졌다.
스스로 '이렇게 해야지.'라는 구체적인 답을 발견하고 나니, 지금까지 갖고 있었던 불안과 초조함이 깨끗이 사라졌다. 기분도 점점 긍정적으로 변해갔다.

다음 페이지에는 '그것을 위해 지금부터 무엇을 할 것인가?'라고 적었다.
그는 잠시 생각하다가 이내 네 가지를 적기 시작했다.

1. 매일 아침, 신문을 읽고 세상 돌아가는 것을 파악한다.

2. 자신이 제공하는 상품을 더 연구해서 그 매력을 정리한
다.

3. 고객에게 그 매력을 100% 전달하기 위한 이야기를 생
각한다.

4. 늘 목적을 의식하고 목표를 설정해서 그것을 확실히 달
성한다.

"다시 초심으로 돌아가서 처음부터 차근차근 해나가자."

그렇게 결심하자 발밑이 단단해지고 서 있는 위치가 명확
해진 듯하고 마음도 차분해졌다.

'무엇을 위해 이 일을 하고 있는가?' 하는 가장 근본적인
질문을 자기 자신에게 던져보고 그 답을 이끌어냈을 때, 그의
인생은 변하기 시작했다.

사람은 누구나 당장 눈앞의 일에 쫓기게 되면 자신이 왜
이 일을 하고 있는지, 진정 어떤 사람이 되고 싶은지, 무엇을
하고 싶은지, 구체적인 인생의 의미(목적)를 잃어버리기 쉽
다.

그는 이를 필사적으로 생각한 끝에 답을 찾아낼 수 있었
다.

그는 스스로 찾아낸 답을 컴퓨터에 입력하고 다음 날 타카조 과장에게 보고하기 위해 프린트를 했다.

시계를 보니 벌써 새벽 2시가 지나고 있었다.

"이제 그만 자야지." 하고 일어서는데 그의 발밑에 오늘 아침에 밟았던 신인상 트로피가 굴러다니고 있었다. 그는 그것을 집어 들고 수건으로 가볍게 닦은 다음 원래 있던 자리에 갖다놓았다.

"좋아, 내일부터 다시 힘을 내자."

잊고 있었던 기억들이 하나둘 솟아올랐다.

1년 후, 최고 세일즈 상을 받다

"이렇게 토대를 확실히 해두면 앞으로는 쉽게 흔들리지 않겠군."

보고서를 받아 본 타카조 과장이 힘주어 말했다.

그 말이 그에게는 더욱 힘이 되었다.

그 후로, 그는 다시 일에 매진하기 시작했고 점차 고객과 회사의 신뢰를 얻게 되었다. 그 결과 조금씩이기는 하지만 착실하게 성과가 올라갔다.

그로부터 1년 후, 그동안 착실하게 노력해 왔던 미즈노는 누구나 인정할 만한 최고 세일즈맨으로 성장할 수 있었다. 밑바닥에서 올라와 처음으로 최고의 세일즈맨이 된 것이다.

미즈노는 사장에게 신인상 때보다 훨씬 더 큰 트로피를 받고, 소감을 말하기 위해 마이크를 건네받았다.

"저는 1년 전, 나 자신이 왜 이 일을 하고 있는지도 모른 채, 그저 침체되어 발버둥 치고 있었습니다. 그러나 그때 타카조 과장님의 도움으로 일의 의미와 내가 힘을 내야 할 이유를 명확히 알게 되었습니다. 그리고 이렇게 실적을 올릴 수 있었습니다. 제가 힘을 내야 하는 이유는 바로 우리가 제공하는 상품을 쓰고 기뻐하는 고객의 미소를 보기 위해서입니다. 또 실적을 올리고 우리 상품을 한 명이라도 더 많은 사람들에게 보급하려는 노력에 대해 함께 기뻐해 준 동료들의 웃는 얼굴 때문입니다. 이런 이유가 있는 한, 저는 항상 좋은 성과를 내고 싶습니다. 앞으로도 함께 힘을 냅시다. 감사합니다."

큰 박수소리가 터져 나오는 가운데, 눈가에 눈물이 고인 타카조 과장이 활짝 웃으며 그를 바라보고 있었다.

아침 출근 준비로 정신이 없는 와중에 전화벨이 울렸다.
같은 팀의 일원인 신입사원이었다.
생각했던 대로 성과가 오르지 않아 상담을 요청해 온 것이
다.

"좋아, 그럼 오늘 일 끝나고 밥이라도 먹으러 갈까? 7시에
는 나오니까 늦지 말게나."

미즈노는 타카조 과장에게 배운 것을 이번에는 후배에게
전수할 차례라고 생각하고는 전화를 끊었다.
그리고 그는 그날도 활기차게 집을 나섰다.

STORY 4

화장실
청소를 통해
얻은 깨달음

일이 전부였던 한 남자가 발견한
새로운 삶의 방식

느닷없이 날아든 이별 통보

기쿠치는 서른두 살의 독신 남성으로서 외국계 기업에서
일하고 있다. 여자 친구와 사귄 지도 벌써 5년이 되었다.

두 사람은 그날도 자주 가던 커피숍에서 만나기로 했다.
하지만 약속시간이 다 되어 가는데 여자 친구는 아직도 나타
나지 않는 기쿠치를 기다리고 있었다.
그녀의 표정은 어두워지기 시작했다. 그때 기쿠치에게서
일 때문에 10분 정도 늦을 것 같다는 메시지가 도착했다.

이렇게 약속시간보다 10분 늦게 도착한 기쿠치가 커피숍 안으로 들어왔다. 그녀는 못 본 척하며 이미 조금 식어버린 밀크차를 마시고 있었다.

그는 그녀가 못 본 척하는 것에 개의치 않고 빠른 말로 미안하다고 말하며 자리에 앉았다. 그러고는 늘 마시던 카페오레를 주문한 다음, 시선을 마주치려고 하지 않았다.

그의 모습에서 왠지 모를 부자연스러움이 보였다. 회사에서 무슨 일이 있었는지, 그는 왠지 모를 불안감을 감추려는 듯했다.

사실 그녀는 그날, 중요한 이야기를 전하려고 만나기로 했다. 그런 그녀였기에 평소와는 조금 다른 그의 모습에 신경을 쓸 수 없었다.

그녀는 그와 눈을 마주치지도 않고 "오늘도 여전히 바빴던 모양이네."라고 말하며 남아 있던 밀크차를 단숨에 마셔버렸다.

그리고 가볍게 심호흡을 한 다음, 아무런 표정 변화도 없이 자신의 결심을 매우 짧게 그에게 말했다.

"나, 더 이상 자기랑 만나지 못할 거 같아."

그는 그때까지도 그녀가 눈앞에 있음에도 불구하고 다른 일 때문에 머리가 복잡해 있었다. 그러나 그녀의 말 한마디에 막 꿈에서 깨어난 사람처럼 멍한 표정으로 그날 처음 그녀와 눈을 마주쳤다.

"뭐? 뭐라고, 갑자기 생뚱맞게……."

그는 여전히 뭐가 뭔지 모르겠다는 표정이었다.

"예전부터 생각하고 있었던 일이야. 이대로 당신과 함께 해도 행복할 것 같지가 않아. 그래서 오늘 끝을 내야겠다고 마음을 먹었어. 처음 사귀기 시작했을 때야 즐겁기만 하면 됐지만, 나도 결혼할 나이가 됐잖아. 이젠 미래를 진지하게 생각해 봐야 할 거 같아. 이미 마음은 정했어. 그럼 나 먼저 갈게. 안녕."

그녀는 일방적으로 이별을 통보하고는 그의 시선을 피하듯 자리를 떠나버렸다. 남자 앞에는 아직 입도 대지 않은 카페오레가 남아 있었다.

"저기, 잠깐만. 뭐야 이렇게 갑자기……."

아까도 입에서 튀어 나왔던 말이 또다시 그의 머릿속을 스쳐지나갔다.

"…… 오늘은 정말로 내 인생 최악의 날이군."

창밖으로 보이는 가로수가 세찬 바람에 크게 흔들리고 있었다.

후배가 프로젝트 리더가 되다

기쿠치가 '인생 최악의 날'이라고 말한 데에는 갑자기 그녀에게 차인 것 말고도 또 다른 이유가 있었다.
사실은 그날 그는 그녀와 만나기 전에 회사에서 매우 충격적인 일을 겪었다.

이야기는 조금 거슬러 올라간다. 몇 주 전 그는 부장에게 "새로운 프로젝트를 시작할 거니까 그 팀에 들어가라."는 지시를 받았다.
그는 규모도 크고 회사 입장에서는 꼭 성공시켜야 할 중대한 프로젝트라는 말을 듣자 의욕이 불타올랐다. 거기서 좋은 결과를 내면 회사나 상사에게 능력을 인정받을 수 있을 것 같았기 때문이다.

그가 이 프로젝트에 거는 기대는 그것뿐만이 아니었다. 이 프로젝트는 자신이 예전에 맡았었던 업무 경험을 충분히 살릴 수 있는 것이었다. 나이나 경험 등을 따져보면, 어쩌면 자신이 이 프로젝트의 리더가 될 수 있을 것 같기도 했다.

실제로 그가 이 프로젝트 의뢰를 받았을 때, 몇몇 동료들은 "이번에는 네가 프로젝트 리더가 되겠네."라고 말했다.

그럴 때마다 그는 "에이, 난 아직 일러."라고 말하면서도 싫지만은 않았다.

그리고 오늘이었다.

처음으로 멤버 전원이 한자리에 모이는 날이었다. 그는 긴장된 모습으로 지정된 회의실로 조금 일찍 들어갔다. 그러나 이미 먼저 와 있는 사람이 있었다.

그의 후배인 기무라였다.

기무라는 그가 이번 프로젝트에 도움이 될지도 모른다고 생각해서 프로젝트를 함께 추진하기로 한 멤버 중의 한 사람이었다. 기무라는 자연스럽게 주변의 세심한 것까지 잘 챙기는 호감형인데다, 자신의 바로 아래 후배이기도 했다. 그래서 그가 매우 아끼는 후배였다.

기무라는 기쿠치의 얼굴을 보고 방긋 웃었다.

"안녕하세요. 선배님도 이번 프로젝트 멤버셨군요! 다행이네요. 이걸로 일당백은 거뜬하겠네요."

"자네와 함께 일하는 것도 오랜만이네. 이번에도 잘 부탁해."

그 후 멤버들이 차례차례 회의실로 들어왔다.

그리고 전원이 모이자, 부장이 회의실로 들어와 흥미로운 이야기를 꺼내기 시작했다.

"자, 모두 이렇게 모여 줘서 고맙네. 이번 프로젝트는 회사로서는 꼭 성공시켜야 할 중요한 프로젝트니, 팀으로서 일치단결해 좋은 성과를 내어주기 바라네. 잘 부탁하네."

부장은 멤버들을 천천히 둘러보면서 한 사람 한 사람과 눈을 맞추며 이야기했다.

기쿠치의 사기도 높아져 갔다.

"그럼 말이야, 이번 프로젝트의 리더는……."

기쿠치의 심장이 두근거렸다.

"······ 기무라가 맡기로 하게."

"······!!"

"아직 젊으니까 모두가 협력해 주길 바라네. 그럼 기무라, 이제부터 자네가 리더로서 일을 추진하도록 하게. 부탁하네."

기무라는 갑자기 닥친 상황에 다소 놀란 표정이었지만, 확실하게 "네." 하고 대답했다.

"······ 기무라가 프로젝트 리더라니? 왜 내가 아니고 저 녀석이지?"

기쿠치는 나눠준 문서를 뚫어지게 쳐다보며 집중해 보려고 했지만, 머릿속은 이미 다른 생각들로 넘쳐났다.

'난 도대체 뭘 한 거지. 회사를 위해 이렇게 열심히 일해 왔건만······.'

허무함과 억울함이 뒤섞여 기쿠치는 홀로 그 장소에 내버려진 것 같았다.

옆자리에 있던 멤버가 상태가 왠지 이상해 보이는 그에게 차가운 눈길을 보내고 있는 것도 모른 채, 그는 회의가 어서 빨리 끝나기만을 기다렸다.

자기혐오의 수렁 속에서 허우적거리다

기쿠치는 도망을 치듯 회사를 빠져나와 그녀가 기다리는 커피숍으로 향했다.

그리고 그 후 그녀와 무슨 일이 있었는지는 알고 있는 그대로다.

정신을 차려보니 벌써 9시였다.

그녀에게 일방적으로 차인 그는 커피숍을 나와 거리를 거닐었다. 그러다 근처 편의점으로 들어가서 캔 맥주를 샀다.

곧바로 캔 뚜껑을 열자, 슉! 하고 거품이 나왔다. 그러나 신통치 않은 거품은 바로 사그라져 버리며 마음을 더욱 공허하게 만들었다.

그는 캔 맥주를 그대로 들고 전철에 올라탔다.

한 입, 한 입 씹어 삼키듯 마시는 사이에, 그날 맛보았던 억울함이 되살아났다.

전철문의 유리에는 "넌 지금 뭐하는 거니?"라고 말하는 듯한, 한심한 표정의 그의 모습이 비쳐지고 있었다.

"나를 프로젝트 리더로는 부족하다고 생각하는 걸까?"

"결국 내 실력이 그 정도밖에 안 되는 거였을까?"

"회사에서도 인정받지 못하고 여자에게도 버림받다니, 내가 지금까지 열심히 해온 것들은 다 뭐란 말인가?"

기쿠치는 평소 일을 잘하는 사람을 좋아하고, 일을 못하는 사람은 가치가 없다고 생각했다. 그런 만큼 이번에는 바로 자신이 가치 없는 인간이 되어 버린 듯한 생각이 들었다. 그리고 그것을 그녀에게 지적당한 것 같아서 풍선에서 바람이 빠지는 것처럼 점점 기력이 빠졌다.

친구의 권유

'인생 최악의 날'로부터 며칠이 지난 어느 날, 대학 친구에게 전화가 걸려왔다. 친구는 "오랜만에 한잔 할까?"라고 물었다.

지금까지는 늘 일 때문에 거절했었다. 하지만 그날은 침울하기도 했고, 기분전환이라도 할 겸 가벼운 마음으로 만나기로 했다.

그때는 설마하니 이 일이 자신의 인생을 변화시킬 계기가
될 것이라고는 생각조차 못했었다.

그날 저녁, 약속장소에 도착하자 "기쿠치!" 하는 낯익은
목소리가 뒤에서 들려왔다. 뒤돌아보니 오늘 만나기로 한 마
키노가 멀리서 손을 흔들며 달려오고 있었다.
'맞아, 저 녀석은 언제나 활기찼었어.'
왠지 그리운 느낌이 들었다. 굳어 있던 기분이 풀리기 시
작했다.
술집에서 건배! 라고 외치며 술잔을 주고받으니, 마치 학
창시절로 돌아간 듯했다.
하고 싶은 말들을 주고받으며 큰 소리로 웃는 사이에 기분
도 완전히 풀려버렸다. 기쿠치는 자연스럽게 최근에 있었던
힘들었던 일들을 꺼내기 시작했다.

회사에서 후배가 먼저 프로젝트 리더가 된 일, 같은 날 갑
자기 여자 친구에게 차인 일들을 차례대로 이야기했다.
마키노는 가만히 이야기를 듣고 있다가 마지막에 "그래?

힘들었겠구나."라고 한마디만 할 뿐 더 이상 아무 말도 하지
않았다.

　그래도 무거웠던 마음속을 터트리고 나니 답답한 가슴이
좀 뚫리는 것 같았다.

　이번에는 마키노가 자신의 이야기를 하기 시작했다.

　"나는 최근까지 꽤 충실하게 살고 있어. 특별히 무언가 대
단한 일을 하고 있는 건 아냐. 하지만 항상 멋진 사람들에게
둘러싸여 있어서 행복해."

　"그렇군. 지금 다니는 회사에 일 잘하는 사람들이 많은가
보군?"

　"응. 회사 사람들도 물론 뛰어나지만 딱히 회사 사람들에
게만 한정된 건 아냐. 쉬는 날에는 여러 가지 활동에 참가하
고 있거든. 거기서 만난 사람들도 모두 대단한 사람들이야."

　"대단하다니, 뭐가?"

　"뭐라고 하면 좋을까. 뭐랄까, 다들 반짝반짝 빛나고 있다
고 해야 하나."

　"흠. 잘 모르겠는데."

　'학생 때부터 이 녀석은 늘 친구들에게 둘러싸여 왁자지껄

하고 즐거워 보였었는데, 어떻게 계속 그렇게 살 수 있을까?'

이런 생각을 하면서 기쿠치는 눈앞에 있는 마키노의 얼굴을 바라보았다. 그때 갑자기 무언가 생각난 듯 마키노가 빙그레 웃었다.

"너, 이번 주 일요일에 시간 있지?"

갑작스런 질문에 그는 아무 생각 없이 "응, 시간이야 있기는 한데, 무슨 일인데?"라고 물었다.

그러나 마키노는 "와 보면 알아. 지금의 너한테 분명히 도움이 될 거야. 활동하기 편한 복장으로 오면 돼."라는 말만 하고 또다시 싱긋 웃었다.

봉사활동을 하다

일요일 아침, 기쿠치는 마키노가 말한 장소로 갔다. 그곳은 커다란 공원이었다.

공원 안으로 들어가 보니 벌써 마키노가 와 있었다. 그리고 중년으로 보이는 7~8명의 사람들이 그를 둘러싸듯 동그랗게 모여 즐겁게 이야기를 나누고 있었다.

"뭐야 이건?"

아주머니, 아저씨들에게 둘러싸여 있는 마키노를 보고 기쿠치는 어리둥절해졌다.

"어, 왔어?"

기쿠치를 발견한 마키노가 그에게 달려왔다. 그러고는 느닷없이 손에 들고 있던 걸레와 양동이를 그에게 내밀었다.

"뭐야, 생뚱맞게."

무얼 하는 건지는 분명했다. 마키노는 기쿠치를 공원 청소 봉사활동에 불러낸 것이었다.

"이봐, 이봐. 도대체 지금 뭐하자는 거야? 내가 왜 공원 청소 따위를 해야 하는 건데."

어떻게든 그 장소에서 도망칠 궁리만 하고 있던 그에게 한 풍채 좋은 아주머니가 재빨리 다가왔다.

"잘 왔어요. 청년은 처음 왔으니까 우선은 저쪽에서부터 시작해요."

아주머니가 가리킨 곳은 다름 아닌 공중화장실이었다.

그는 공원 청소, 그것도 하필이면 공중화장실 청소를 할 처지가 될 줄은 꿈에도 몰랐다.

"마키노한테 속았군. 오늘도 최악의 날이구나."라며 그는 씁쓸한 마음을 억눌렀다.

"왜 내가 이런 청소를 해야 하는 거야?"

이런 생각들을 하면서 기쿠치는 마지못해 고무장갑을 끼고 아주머니에게서 받은 화장실용 세제를 더러워진 변기에 부었다.

"앗, 튀었다."

기쿠치는 자신에게 오물이 튀지 않도록 최대한 엉덩이를 뒤로 뺀 채, 솔로 변기를 닦기 시작했다.

"이렇게 한다고 더러운 화장실이 깨끗해질 거 같아?"

처음에는 그런 생각을 하며 닦았지만 쓱쓱 닦는 사이, 화장실은 점점 깨끗해졌다.

"와, 이런 화장실도 닦으니까 의외로 깨끗해지네."

변기 주변의 콘크리트 부분도 닦았다. 마지막으로 양동이로 물을 끼얹자 화장실은 더욱 깨끗해졌다.

깨끗해진 화장실을 보고 있자니 왠지 기분이 상쾌해졌다.

"이 상쾌함은 도대체 뭐지?"
이런 느낌은 지금까지 한 번도 경험하지 못한 것이었다.

맨손으로 화장실을 청소하는 아주머니께 감동받다

기쿠치는 그 후로도 공원 청소 봉사활동에 계속해서 참여했다. 휴일에 딱히 할 일이 없기도 했고, 무엇보다 그때의 '상쾌함'을 다시 맛보고 싶었기 때문이었다.

이 봉사활동은 매주 지역 내의 공원을 차례대로 돌며 하루에 한 곳씩 청소하는 것이었다.

몇 번인가 참가하는 사이, 대단해 보이는 한 아주머니와도 친해지게 되었다. 그분은 처음 말을 걸어 주었던 분으로, 이제는 친해져서 세상 돌아가는 이야기도 하게 되었다.

그날은 햇볕도 뜨겁고 화장실 안도 찜통같이 더운 날이었다. 그래도 기쿠치는 묵묵히 화장실 청소를 계속해 나갔다.

땀방울이 뚝뚝 떨어졌다.

그는 한 변기와 씨름을 하게 되었다.
늘 하던 대로 변기 속에 세제를 풀고 솔로 박박 문질러 보았지만 아무리 닦아도 얼룩이 지워지지 않는 곳이 있었다. 몇 번을 문질러도 마찬가지였다.

그러자 그 모습을 보고 그 대단해 보이는 아주머니가 다가왔다.
"이 얼룩은 아무래도 안 지워질 거 같아요."
그가 이렇게 말하고 도중에 그만두려 하자, 아주머니는 이상하다는 듯이 그를 쳐다보았다.
그리고 마치 당연하다는 듯이 "이런 건 이렇게 하면 깨끗해지지."라고 말하고는 맨손으로 변기 속을 문지르기 시작했다.

변기에 단단히 들러붙어 있던 때는 아주머니가 맨손으로 쓱쓱 문지르자 속속들이 지워졌다.
때가 잘 보이지 않는 변기 뒤쪽과 배수구 부근도 손가락을 깊숙이 집어넣어 문질렀다.

목덜미에서는 땀방울이 흘러내리고 있었다.

그는 어안이 벙벙해서 그저 그 광경을 쳐다보고만 있었다. 그러다가 머지않아 가슴이 뜨거워지기 시작했다.

지금까지 느껴보지 못했던 감동이 가슴으로 밀려왔다.

친구와의 귀갓길

집으로 돌아가는 길에 기쿠치는 마키노에게 그날 일을 이야기했다.

"나, 무언가 크게 착각하고 있었던 것 같아."

"무슨 얘기야?"

"나는 솔직히 지금까지 내가 하고 싶은 일만 하면서 살고 싶다고 생각했거든. 그래서 하기 싫은 일은 다른 사람들이 하면 된다고 생각했어. 그런데 오늘 아주머니가 맨손으로 변기를 닦는 모습을 보고 이 사람 대단하구나, 멋있구나, 라고 생각했어."

"흠. 그랬구나."

"봉사활동을 하는 사람들이 다 그렇겠지만, 누군가에게 고맙다는 말을 듣는 것도 아니고 돈을 받는 것도 아니잖아. 그런데 사람들이 싫어하는 일을 나서서 웃으면서 하고 있어. 왠지 이렇게 순박하게 다른 사람들을 위해 활동한다는 것이 매우 훌륭한 일 같다는 생각이 들어."

마키노는 싱글거리며 "기쿠치답지 않은 말인데."라고 대답했다.

"그래. 나도 놀랍게 생각하는 일이지만, 이런 기분이 드는 건 처음이야. 왠지 그렇게 생각하니까 나도 내가 모르는 사이 여러 사람들의 도움을 받으며 살고 있었는지도 모른다는 생각을 하게 되었어. 지금까지의 내 모습을 돌아보니 너무 오만했던 것 같아. 설마 내가 이런 깨달음을 얻게 될 줄이야."

"깨달아서 다행이네. 봉사활동은 할 만하지?"

"…… 마키노, 불러줘서 고맙다."

"새삼스럽게 그런 말을 하다니, 역시 기쿠치답지가 않군. 오늘 더위 때문에 좀 이상해진 거 아냐?"

두 사람은 왠지 모를 유쾌함 때문에 큰소리로 웃었다.

프로젝트도 적극적으로 하다

다음 날, 기쿠치는 새 와이셔츠의 소매를 다리고, 구두도
윤이 나도록 닦은 뒤 조금 서둘러서 출근을 했다.
"오늘도 일찍 출근했네."
부장이 건넨 한마디도 기분 좋게 들렸다.

그때까지 그는 후배인 기무라가 리더가 된 것을 마음에 담
아두고 있었다. 프로젝트에서 맡은 역할도 마지못해 처리할
뿐, 적극적으로 관여하지 않았었다.
하지만 공원 청소 봉사활동을 통해 자신의 사고방식이 잘
못되어 있다는 것을 깨닫고부터는 변하기 시작했다. 기무라
의 능력을 인정하고 현재의 위치에서 자신이 할 수 있는 일이
무엇인지 진지하게 생각했다. 그리고 프로젝트의 멤버 중 한
사람이라는 생각으로 최선을 다했다.

그렇게 마음을 먹자 기획의 기초가 되는 데이터 작성 등의
잡일이 더 이상 힘들게 느껴지지 않았다. 당연히 그가 정성을
쏟아서 만든 데이터는 열정이 반영되어 있어 설득력을 갖게
되었다.

어느 날 후배 여사원과 함께 자료를 작성하고 있는데, 그녀가 갑자기 "선배님, 요즘 왠지 밝아 보여요."라고 말하는 것이었다.

"뭐야, 생뚱맞게."

쑥스러워서 말은 그렇게 했지만 마음은 왠지 모르게 기뻤다.

프로젝트 리더로 임명되다

그는 그 뒤로도 묵묵히 일을 처리해 나갔다. 물론 휴일에는 봉사활동도 계속했다.

회사에서는 지금까지 한 번도 말을 건네 본 적이 없던 청소부 아주머니에게 수고한다는 말을 하게 되었고, 커피를 타준 여사원에게도 고맙다는 말이 저절로 튀어나왔다.

주변의 프로젝트 멤버들로부터도 "기쿠치, 왠지 요즘 많이 변한 거 같아."라는 말을 자주 듣게 되었다. 그의 주변에는 많은 사람들이 모여들기 시작했고, 밝은 분위기가 끊이지 않았다.

그러던 어느 날 부장이 그를 불렀다.

문을 열자 부장이 즐거운 듯 싱글거리고 있었다.

부장은 기쿠치를 손짓으로 부르며 말했다.

"이번에 또 새로운 프로젝트를 시작하려고 하는데, 이번에도 자네가 거기서 일을 해줬으면 하네."

"아, 감사합니다. 제가 할 수 있는 일이라면 뭐든지 하겠습니다."

"…… 그리고 말이야. 이번에는 자네가 리더를 맡아줬으면 하네."

그는 이번 주 일요일에도 공원에 가서 청소 봉사활동에 참가할 예정이다.

그리고 이번에야말로 맨손으로 변기를 번쩍번쩍 윤이 나게 닦아, 그 아주머니를 놀래게 해줘야겠다고 마음먹었다.

STORY 5

부하의
가능성을
이끌어낸 상사

독불장군이었던 한 상사의 변화

다른 상사 밑에서 일하고 싶어 하는 부하직원

올해 서른 살이 된 영업 대행회사의 주임 나카야마는 일을 잘하기로 회사 내에 소문이 파다했다. 그는 언제나 큰 소리로 지시하며 사무실 안을 여기저기 뛰어다녔다. 바로 이런 것을 두고 정열적이고 활기차게 일한다고 말할 수 있을 정도였다.

그러나 자세히 들여다보면 나카야마만 말을 할 뿐 그의 부하직원들은 아무 말 없이 일만 했다.

그의 지시에 따라 일을 하지만 그다지 즐거워 보이지는 않았다. 그곳에는 화기애애한 분위기가 아닌 왠지 신경이 곤두

107

서 있는 것 같은 날카로운 공기가 흘렀다.

어느 날, 나카야마에게 부하직원인 와타나베가 기획서를 들고 왔다. 와타나베는 예전부터 보관하고 있던 기획서를 기회가 있으면 나카야마에게 보여주려고 했었다.

그러나 나카야마는 와타나베의 기획서를 별로 관심이 없는 듯이 대충 대충 넘겨보더니 "이런 걸 생각할 시간이 있으면 내가 가르쳐 준 것을 철저히 해서 좀 더 성과를 올리라고." 하며 그걸로 끝이었다.

와타나베는 무언가 더 말하고 싶어 했지만, 나카야마는 이미 자신의 일에 집중해서 전혀 말을 붙일 틈을 주지 않았다. 와타나베는 되돌려 받은 기획서를 들고 어쩔 수 없이 자기 자리로 돌아갔다.

그 모습을 보고 있던 주변 스태프들은 '그럴 줄 알았다.'는 얼굴로 그를 바라보았다.

그로부터 3주가 지난 어느 날, 나카야마는 예전의 직속상관이던 타키타 부장에게 갑자기 불려가게 되었다.

"자네 부서의 와타나베 말이야, 다른 주임 밑에서 일하게 해달라고 하더군."

"네?!"

예상 밖의 이야기에 그는 말문이 막혀버렸다.

와타나베는 전혀 그런 이야기를 하지 않았었다.

와타나베는 그런 중요한 일을 상사인 자신에게 한 것이 아니라, 타키타 부장에게 직접 말한 것이다. 나카야마는 와타나베를 전혀 이해할 수 없었다.

이해할 수 없는 부장의 힌트

타키타 부장은 나카야마의 당황스러운 심정을 손바닥 들여다보듯 훤히 알고 있었다. 하지만 일부러 아무 말도 하지 않고 가만히 그의 얼굴을 주시했다.

'와타나베는 도대체 무슨 생각으로 이런 일을 벌인 거지? 어떻게 하면 좋은 성과가 나는지는 누구보다 내가 제일 잘 알고 있다고. 내가 하라는 대로만 하면 될 텐데 말이야. 다른 상사 밑에서 일할 필요도 없어. 그런데 나를 무시하고 그런 일을 대뜸 부장과 상담하다니. 돌아가면 와타나베에게 직접 따져 봐야겠군.'

나카야마는 와타나베가 기획서를 들고 왔던 일, 자신이 기획서를 일축했던 일 따위는 까마득히 잊은 채 속으로 투덜거렸다.

그때 나카야마는 타키타 부장이 자신을 조용히 지켜보고 있다는 것을 눈치 챘다. 그는 자신도 모르게 자세를 고쳤다.

타키타 부장은 그가 신입사원일 때부터 직접 챙겨주고 가르쳐 준 분이었다. 그래서 그는 지금까지도 타키타 부장을 존경하고 있었다.

타키타 부장은 마치 그의 속마음을 꿰뚫어보는 듯, 그가 안정된 것을 보고는 차분하게 말을 꺼내기 시작했다.

"자네는 어떤 일이든지 바로 해내는 타입이지만, 그렇지 않은 사람들의 마음도 한번 이해해 볼 필요가 있어. 와타나베의 일은 잠시 보류해 둘 테니, 우선은 그렇게 흥분하지 말고 차분하게 부하직원의 말을 들어보는 게 어떻겠나?"

나카야마는 다른 사람도 아닌 타키타 부장이 해준 충고이기에 일단 받아들였다. 하지만 부장의 말을 완전히 납득한 것은 아니었다. 무엇보다도 그때는 부장이 한 말의 의미를 전혀 모르고 있었다.

'부장은 현장에서 일하지 않으니까 그런 말을 할 수 있는 거야. 나는 어떻게 하면 가장 잘할 수 있는지 알고 있어. 하지만 부하직원들은 그저 즉흥적으로 떠오른 아이디어를 말할 뿐이라고. 내가 하는 말을 잘 듣고 그대로 하는 것이 제일 좋은 거 아냐? 이렇게 바쁜데 쓸데없는 이야기 따위를 듣고 있어야 하다니.'

나카야마는 와타나베를 불러서 직접 추궁하지는 않았다. 하지만 그 후로 왠지 모르게 사무실에 어색한 분위기가 흐르기 시작했다.

긴급사태가 발생하다

그러던 어느 날, 중요한 거래처로부터 클레임이 들어와 나카야마는 급히 불려가게 되었다.

긴급사태였다. 그렇게 자신만만하던 나카야마의 얼굴도

새파래졌다.

회사로 돌아와서는 바로 상황파악에 들어갔다. 그러던 중 뜻밖의 일을 발견하게 되었다.

이 클레임에 관하여 이미 거래처에서 며칠 전에 연락을 했었다는 것이다.

그런데 부하직원들이 그것을 나카야마에게 보고하지 않아서 대응이 늦어져버린 것이었다.

"왜 이런 중요한 일을 보고하지 않았던 거야!"

나카야마는 담당 부하직원을 호되게 꾸짖은 다음, 부하직원 전원을 모아 놓고 언제나처럼 온몸을 떨며 호통 치기 시작했다.

부하직원들은 전부 그와 시선을 마주치지 않으려고 눈을 아래로 향한 채 입을 다물고 있었다. 아무도 발언을 하려고 하는 사람이 없었다.

'왜 이런 중요한 일을 나에게 알리지 않은 거지? 지난번의 와타나베도 마찬가지야. 와타나베는 왜 나에게 말하지 않고

부장에게 상담한 거지?'

그는 회의실 앞에서 생각했다.
생각하면 생각할수록 머릿속은 혼란스러웠다.
그때 문득 지난번에 타키타 부장이 한 말이 떠올랐다.

'자네는 무슨 일이라도 잘 해내는 타입이지만, 그렇지 않은 사람들의 마음도 이해해 볼 필요가 있어.'

'한 번 부장님께 상담해 볼까…….'

나카야마는 그날 저녁, 타키타 부장과 만나기로 했다.

쑥쑥 성장할 수 있도록 많은 도움을 받았던 신입사원 시절

늘 가던 술집으로 가니 이미 타키타 부장이 먼저 와서 자리를 잡고 있었다. 타키타 부장은 나카야마를 보고는 '여기야.' 라며 손을 들었다.

평소와 같이 온화한 표정이었다.

이 표정을 보고 있으면 안심이 되는 것이 왠지 신기했다.

나카야마는 자리에 앉자마자 곧바로 단골 거래처의 클레임에 관해 이야기했다.

별로 놀라지 않는 모습을 보니 이미 부장의 귀에도 정보가 들어간 모양이었다.

고개를 끄덕이며 듣고 있던 타키타 부장이 천천히 입을 열었다.

"자네는 옛날부터 다른 사람에게 의지하지 않는 구석이 있었어. 그런데 '답'은 부하직원이 갖고 있을 때가 많아. 고객의 정보를 가장 많이 알고 있는 사람도 부하직원들이지 않나. 달변가가 되기보다는 다른 사람의 말을 경청하는 사람이 되는 것이 상사로서 필요하지 않을까. 내가 저번에 부하직원들의 이야기를 좀 더 차분하게 들어보라고 한 것도 바로 그것 때문이야. 앞으로 자네의 과제는 좀 더 다른 사람들의 말에 귀를 기울일 줄 아는 사람이 되는 거야. 상사란 '무조건 내가 하겠다.'고 말할 게 아니라 부하직원들을 옆에서 도와주겠다는 생각으로 일을 해야 해. 그리고 사람은 실패를 거듭하면서도 계속 도전함으로써 성장하게 되어 있어. 무엇이든지 상사가 다 답을 가르쳐 주고, 비판하거나 대신 해버리면 오히려 부하직원들이 성장할 수 있는 기회를 빼앗는 것과 마찬가지라네. 기억해 두게."

"그리고 말이야……."
타키타 부장은 자신의 명함을 내밀며 말했다.
"그 거래처에 내가 옛날부터 일 때문에 잘 알고 지내는 임원이 있어. 전화도 해두었으니까 내 명함을 갖고 갔다 와."
부장의 명함 뒷면에는 사과문이 적혀 있었다.

나카야마는 그것을 보자 갑자기 예전 일들이 생각났다.
'내가 일을 실패했을 때 부장님은 언제나 지금처럼 아무것도 묻지 않고 도움을 주셨었지. 그에 비하면 지금의 나란 인간은 대체 뭐란 말인가.'
자신이 상사로서의 아량이 없었다는 것을 깨닫게 되자, 그는 얼굴이 달아올랐다.
'나는 아무것도 몰랐구나.'

예전에는 납득할 수 없었던 타키타 부장의 말이, 이제는 나카야마의 가슴속에 확실히 새겨졌다.

"그러고 보면 입사한 지 얼마 안 됐을 때 제가 부장님께 정말 폐를 많이 끼쳤네요. 그런데도 항상 제가 쑥쑥 자랄 수 있도록 도와주신 덕분에 일에 대한 의욕도 생기고, 자연스럽게 좋은 결과가 나올 수 있었던 거 같아요."

"자네는 그때도 일을 잘했었고, 지금도 잘하고 있네. 그러니까 나도 응원할 맛이 나는 거지."

나카야마는 사과문이 적혀 있는 명함을 받고 그의 말을 들으면서, 부장이 아직까지도 자신을 얼마나 아끼는지 잘 느낄 수 있었다.

그리고 자신 또한 부하직원들을 좀 더 소중히 여겨야 한다는 것을 깨닫게 되었다.

"아무리 시간이 흘러도 부하직원들의 실력이 늘지 않는다고 생각했는데, 그건 그들에게 의욕이 없어서가 아니라 제가 제대로 교육하지 않았기 때문인지도 몰라요. 지금까지는 그들이 못할 거 같으면 차라리 내가 한다는 식으로 전부 제가 해왔었는데, 그것 또한 부장님이 말씀하신 것처럼 그들이 성장할 수 있는 기회를 빼앗은 것인지도 몰라요."

나카야마는 문득 와타나베가 기획서를 갖고 왔던 일이 떠올랐다.

'그래, 그때 내가 와타나베의 성장할 수 있는 기회를 빼앗은 거야…….'

그리고 그는 이렇게 결심했다.

'앞으로는 지시하고 명령을 내리기만 할 것이 아니라, 그들이 자신의 능력을 끌어내도록 방법을 바꿔야지. 그리고 스스로 일을 해낼 때까지 함께 해주고, 성장의 경험들을 쌓아서 자신감이 생기도록 도와줘야지.'

이번 일을 통해 나카야마는 오랜만에 타키타 부장과 느긋하게 이야기를 나눌 수 있었다. 또 상사라는 것이 무엇인지 다시 한 번 생각해 볼 수 있는 기회를 갖게 되었다.

그리고 그 해답을 향해 한 발 다가섰을 때, 나카야마의 인생은 크게 변하기 시작했다.

부하직원들은 누구나 상사에게 인정받고 싶어 하고, 일을 잘하고 싶어 한다.

그는 상사로서 부하직원들의 기분을 이해하고 그들의 가능성과 자발성을 최대한 이끌어내는 것이 무엇보다 중요하다는 것을 깨달았다.

"원래는 부장님이 저에게 해주신 것처럼 저도 부하직원들이 의욕을 갖도록 도왔어야 했는데. 와타나베의 일도 짐작이 가는 부분이 있어요. 그의 이야기를 한 번 더 들어봐야겠어요."

나카야마의 얼굴에 더 이상의 망설임은 없었다.

부하직원들에게 사과를 하다

다음 날, 나카야마는 부하직원들에게 한 사람씩 회의실로 와 달라고 부탁했다.

또 무슨 일이 터진 줄만 알고 모두 전전긍긍하며 두려워했다.

'역시, 모두들 나를 무서워하고 있었구나.'

새삼 지금까지의 자신의 태도를 반성하게 되었다.

그러나 부하직원들이 겁을 내는 것도 잠시일 뿐, 모두의 얼굴은 금세 깜짝 놀란 표정으로 바뀌었다. 그가 갑자기 부하직원 한 사람 한 사람에게 사과를 했기 때문이었다.

"지금까지 정말 미안했네. 자네들과 솔직하게 마음을 터놓고 일에 대한 의욕을 불어넣어 주지는 못할망정, 오히려 자네들의 의욕을 꺾는 행동만 하고 있었어. 오늘부터는 모두의 의견을 잘 듣고 각각의 개성을 살려 함께 발전해 나가도록 하세."

처음에는 도대체 이게 무슨 영문인지 몰라 어안이 벙벙하던 사람들도 차츰 상황을 납득하게 되었다. 그가 진심이라는 것을 알게 되자 표정도 점차 밝아졌다.

부하직원들의 이야기를 듣는 것부터 시작하다

한편, 나카야마는 우선 거래처의 클레임을 해결해야 했다.

나카야마는 담당 부하직원에게 물어 재차 상황을 확인한 다음, 부하직원과 함께 거래처를 방문했다.

접수처 직원에게 사정을 설명하고 부장의 명함을 내밀자, 그는 바로 임원실로 안내해 주었다.

나카야마와 부하직원은 담당자와 임원을 함께 만날 수 있었다.

담당자는 떨떠름한 표정을 짓고 있었다.

나카야마는 자신의 책임을 인정하고 확실히 사과했다.

그러자 그 모습을 보고 있던 임원이 나서서 중재를 해주었다. 그 덕분에 계약이 파기되는 최악의 사태는 막을 수 있었다.

문제를 일으킨 부하직원은 시종일관 고개를 숙이고 있다가 돌아오는 길에 나지막한 목소리로 나카야마에게 말했다.

"여러 가지로 정말 죄송합니다."

그 목소리에는 그에 대한 존경의 마음도 함께 담겨져 있었다.

다음은 와타나베가 갖고 온 기획서에 관한 일이었다.

나카야마는 와타나베에게 기획에 대해 한 번 더 상세히 듣고 싶다고 말했다.

와타나베는 그에게 다시 한 번 기획에 대해 설명했다.

와타나베의 기획은 수정해야 할 부분도 여러 군데 있기는 했다. 하지만 전체적인 뼈대는 제법 잘 짜여 있었다.

나카야마는 그 자리에서 바로 수정해야 할 부분들을 지적하고 다시 제출하도록 지시했다.

와타나베는 매우 기뻐했다.

무엇보다도 나카야마가 지적한 부분이 너무나 정확해서 그에 대한 존경의 마음도 갖게 되었다.

와타나베는 바로 부서 이전 요청을 취소하고, 이대로 계속 나카야마 밑에서 일하기로 마음먹었다.

나카야마는 그 뒤로도 성심성의껏 부하직원들의 말에 귀를 기울였고, 그들의 자주성을 존중하며 각자가 성공할 수 있도록 계속 도왔다.

그러자 지금까지 보지 못했던 것들이 보이기 시작했다.

주 거래처의 복잡한 인간관계, 문제점, 개선점 등 부하직원들이 올린 정보는 하나같이 업무에 도움이 되었다.

그리고 무엇보다도 부하직원들 모두가 정성을 쏟으며 일에 몰두하게 되었다.

부하직원을 뒷받침해 주며 깊어진 유대감

와타나베의 기획은 나카야마의 도움 아래 잘 다듬어져서 마침내 회사 임원회의에서 프레젠테이션까지 하게 되었다.

프레젠테이션 당일, 와타나베는 긴장감 때문에 얼굴이 굳어져 있었다.

그 이유는 바로 오늘의 프레젠테이션을 와타나베가 진행하기 때문이었다.

나카야마는 와타나베에게 '성장의 기회'를 준 것이다.

나카야마와 와타나베 두 사람은 회의장으로 들어가 프레젠테이션을 시작했다.

와타나베는 조금 긴장되어 보였지만 자신이 기획한 것인 만큼 결과에 상관없이 열정을 담아 발표했다.

한차례 설명이 끝나자 지체 없이 임원들의 질문이 쏟아졌다.

"와타나베군, 이 기획은 확실히 흥미롭고 우리 회사에서 해볼 의사도 충분히 있다고 생각하네. 하지만 도전할 때는 반드시 그에 따른 위험요소도 염두에 둘 필요가 있다고 생각하는데, 이 기획이 성공할 거라는 근거가 있나?"

그 순간, 와타나베의 얼굴색이 확 바뀌었다.

기획의 콘셉트나 목적, 기법의 차별화에 대해서는 충분히 검토해 왔지만, 세부적인 데이터에 대해서는 뒷받침할 만한 근거를 확실히 준비해 두지 않았던 것이다.

그때 나카야마가 천천히 일어났다. 그는 와타나베에게 눈짓을 하고 설명을 시작했다.

"네, 그점에 대해서는 올해 경제 산업성에서 발표한 이 두 종류의 데이터를 갖고 설명할 수 있을 것 같습니다. 각각의 독립된 데이터이지만, 서로 접목해 보면 지금 와타나베가 설명한 경향을 확인할 수 있습니다. 그래서 이 기획이 실패로 끝날 위험요소는 매우 적다고 할 수 있습니다."

임원진은 차분하게 대응하는 나카야마의 모습을 보고 충분히 납득한다는 표정을 지었다. 그러고는 "그만큼 확실히 뒷받침되어 있다면 틀림없겠군. 내용도 잘 이해가 되고 기대도 되는군. 좋아, 당장 다음 달부터 기획 준비실을 만들고 회사에서도 도와주겠네. 두 사람은 책임자로서 확실히 틀을 만들어 주게."라고 말하는 것이었다.

회의장에서 나온 두 사람은 활짝 웃으며 자그맣게 브이 자를 그려보였다.

그리고 와타나베는 나카야마에게 작은 목소리로 말했다.

"아까는 정말 감사했습니다. 근거에 대해 언급될 때는 어떻게 해야 될지 막막했는데, 정말 덕분에 살았어요."

"그래도 전체적으로 꽤 괜찮았어. 무엇보다 기획 목표를 임원들이 수긍할 수 있었던 것이 큰 수확인 거 같군. 그럼 이제 다음 달부터 다시 바빠지겠는걸."

"네. 앞으로도 잘 부탁드립니다."

다 같이 건배!

그로부터 3개월 후, 와타나베의 기획은 준비단계에서부터 성과를 내기 시작했다. 그 후 임원회의에서 와타나베의 기획을 주 사업으로 밀어주기로 결정했다는 통보가 날아왔다.

와타나베에게 보고를 받은 나카야마는 크게 기뻐했다.

"잘됐군, 잘됐어! 좋아, 그럼 오늘은 오랜만에 다 같이 한 잔하러 갈까?"

모두가 서둘러 일을 마치고 근처 술집으로 갔다.

먼저 다 함께 건배를 한 뒤, 와타나베가 갑자기 일어서서 나카야마에게 이렇게 말했다.

"과장님, 저는 과장님만큼 일을 잘하진 못하지만, 항상 지켜봐 주신 덕분에 안심하고 마음껏 일할 수 있었습니다. 정말 늘 감사합니다. 저는 과장님 밑에 평생을 붙어 있기로 마음먹었으니까 앞으로도 잘 부탁드립니다."

"이봐, 이봐. 갑자기 그런 말을 하면 쑥스럽잖아."

천하의 나카야마가 부끄러워하는 모습이 재미있어, 다들 한바탕 크게 웃고 말았다.

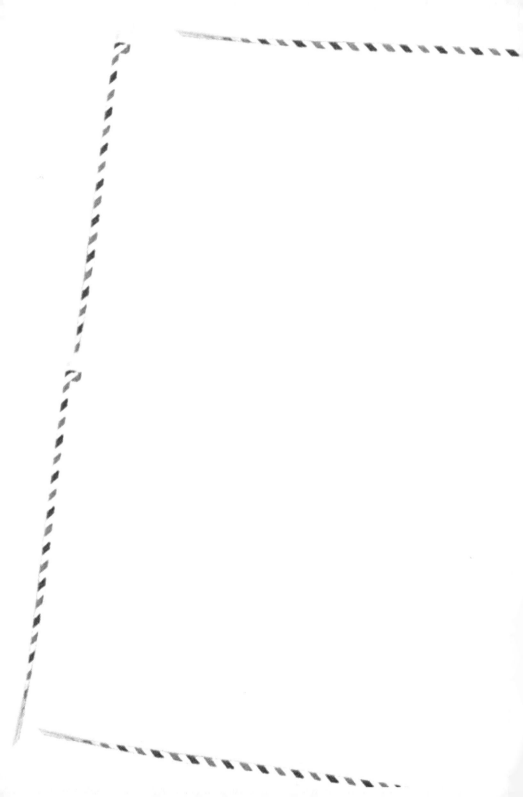

STORY 6

상처받은
딸을 구원한
아버지의 말 한마디

딸의 마음의 상처로 고민하던
한 부모와 자식의 관계

미국으로 떠나다

이곳은 나리타공항이다.

미국으로 유학 가는 딸 미카를 배웅하기 위해 마츠모토 씨 가족 모두가 배웅을 나온 것이다.

"아빠, 나 떠나고 나면 너무 외로워서 아무 일도 손에 안 잡히는 거 아냐?"

"뭐라는 거냐? 아빠는 엄마랑 둘만 있으니까 너무 기뻐서 어쩔 줄을 모르겠다. 하하하."

"얼굴에 외롭다고 쓰여 있어요."

"여보, 도와줘요. 이 녀석 이제 한 시간만 있으면 미국으로 날아갈 텐데도 마지막까지 밉살스러운 말만 하는구려. 그래도 뭐, 이렇게 기운이 넘치니 가서도 잘 하겠군."

"아빠, 미국에 오고 싶으면 언제든지 와! 그때는 내가 통역해 줄 테니까. 아빠의 영어 발음은 정말 못 들어주겠거든."

"그래, 그때는 통역 잘해 줘. 대신, 싸게 해줘야 한다."

"어떻게 할까?"

미카의 엄마는 장난치는 두 사람을 따뜻한 눈으로 바라보았다.

마츠모토 씨 가족은 서로 사이가 좋고 행복한 가정이었다. 그러나 이렇게 행복한 가족도 미카에게 닥친 어떤 사건을 계기로 끝이 보이지 않는 미로를 헤매는 날들이 계속된 적이 있었다.

갑자기 딸을 따라다니기 시작한 낯선 남자

불행은 어느 날 갑자기 찾아왔다.

미카가 아직 고교에 다니고 있을 무렵, 길에서 누군가 갑자기 말을 걸어왔다. 상대는 전혀 모르는 남자였다.

그녀는 그의 이야기를 그 자리에서 단호하게 거절했다. 그러나 그 뒤로도 남자는 집요하게 따라다니더니, 머지않아 그녀가 통학하는 지하철역에 숨어서 그녀를 기다리기도 했다.

"너무 무서워……."
처음에는 신경을 쓰지 않으려고 했던 그녀도 그의 이상한 행동에 날이 갈수록 신경이 곤두섰다.

어느 날이었다. 그녀가 잠시 긴장을 늦추고 있던 순간, 남자가 그녀에게 접근하더니 갑자기 들고 있던 가방을 낚아채 가려 했다.
이제 더 이상 한시도 지체할 수 없었다.
이대로 방치해 두면 그녀에게 어떤 위험한 일이 일어날지 모르는 상황이었다.

그래서 가족과 학교가 협력하여 그녀를 최대한 보호하기로 했다.

등교할 때는 집에서 가장 가까운 역까지 어머니가 데려다주고, 학교 근처의 역에는 담임선생님이 마중을 나왔다. 집에 돌아갈 때는 그 반대로 역까지 선생님이 데려다주고 집 근처 역에 도착하면 그녀가 핸드폰으로 집에 연락해서 어머니가 역까지 마중을 나왔다.

이렇게 해서 그녀는 다시 안전해진 것처럼 보였다.

그러나 잠깐의 방심으로 그 사건은 일어나고 말았다.

어느 날 납치될 뻔한 딸

그날 미카는 클럽활동으로 저녁 9시가 다 되어서 하교하게 되었다.

그런데 어머니는 마침 그날따라 볼 일이 생겨서 역까지 마중을 나올 수가 없었다.

그즈음 그 남자의 모습도 보이지 않고 이제 괜찮겠지 하는 생각에 집까지 혼자 걸어가기로 했다.

"이제 조금만 더 가면 되니까 괜찮아."

집이 코앞이었다.

이 앞 골목만 돌면 집에 도착한다고 생각한 그 순간이었다.

차 한 대가 부자연스럽게 그 자리에 멈춰 있었다.

그리고 그 옆에 바로 그 남자가 히죽거리며 서 있는 것이었다.

그녀는 그 자리에 얼어붙어 버렸다. 소리를 지르려 했지만 입 밖으로 소리가 나오지를 않았다.

그녀는 그곳에서 도망치려고 달리기 시작했다. 그러나 이미 상대가 잽싸게 그녀의 앞길을 막고, 그녀의 팔을 붙잡았다.

"놔!"

필사적으로 소리를 질렀지만 좀처럼 큰 목소리가 나오지 않았다.

상대는 전혀 아랑곳하지 않고 막무가내로 그녀를 차 속으로 밀어 넣었다.

"살려 주세요, 살려 주세요."

그녀는 안 나오는 목소리지만 필사적으로 소리쳤다. 그리고 겨우 나온 그녀의 비명 소리가 주위로 울려 퍼졌다.

일촉즉발의 순간이었다.

때마침 그 근처를 지나가고 있던 한 남자가 그 소리를 듣
게 되었다.

그가 소리가 난 곳으로 달려가 보니, 한 남자가 미카를 억
지로 차에 태우려 하고 있었다.

"지금 뭐하는 거야?"

그는 맹렬하게 그 남자에게 달려들어서 그를 밀치고 미카
를 구했다.

그에게 떠밀린 남자는 욕을 내뱉고는 눈 깜짝할 사이에 차
를 타고 전속력으로 달려 어둠 속으로 사라져버렸다.

미카는 그 남자와 옥신각신하는 사이에 손가락을 다치기
는 했지만 다행히 큰일은 벌어지지 않았다.

미카는 마음이 놓인 듯 그 자리에 털썩 주저앉아 버렸다.

아무 말도 할 수 없었다.

몇몇 이웃사람들이 소동을 듣고 나와 있었다.

그 후 곧바로 어머니가 달려올 때까지, 그녀는 아무 말도 못하고 계속 떨고 있었다.

자책하는 딸

미카는 어머니 품에 안겨 집에 도착할 때까지 그저 흐느끼기만 했다.

비틀거리며 현관에 들어서자 그 자리에서 쓰러져 울기 시작했다.

그리고 작은 목소리로 "엄마, 아빠, 죄송해요."라는 말만 되풀이하고 또 되풀이했다.

어머니에게 연락을 받고 서둘러 집으로 돌아온 아버지도 "이젠 괜찮으니까 신경 쓰지 않아도 돼."라며 딸을 위로했다.

그럼에도 불구하고 그녀는 "처음 말을 걸어왔을 때 내가 태도를 잘못해서 이렇게 된 거야. 나한테 허점이 있어서 그런 거야."라며 자신을 책망하더니 머지않아 마음을 굳게 닫아버렸다.

그리고 결국에는 자기 방에서 나오지도 않고 학교에도 가지 않게 되었다.

미카의 아버지와 어머니가 "학교에 가는 게 좋지 않겠니?"라고 말해도 "안 가!"라는 말만 할 뿐, 예전의 명랑했던 미카의 모습은 흔적도 없이 사라져버렸다.

딸을 위해 결국 상담을 받기로 한 아버지

아버지와 어머니의 걱정은 날로 늘어만 갔다.
미카가 학교를 안 간 지도 벌써 며칠이 되었다.
"이대로 계속 학교에 안 가면 미카의 장래가 어떻게 될지…… 이대로는 안 돼. 무슨 수를 써야겠어."

어느 날, 아버지는 교육 컨설턴트 회사를 운영하고 있는 친구 이토 씨와 함께 저녁식사를 하게 되었다. 그는 이토 씨에게 미카에게 할 수 있는 최선의 방법에 대해 상담을 해보고 싶었다.

식사를 하면서 그는 지금까지의 경위와 미카의 상황에 대해서 솔직하게 이야기했다. 그러자 이토 씨는 "그것 참 안 됐군."이라는 말만 할 뿐, 그 화제에 대해 더 이상 아무 말도 하지 않았다.

그런 뒤, 이토 씨는 미카의 아버지를 자신의 회사로 데리고 갔다.
그곳에서 차분하게 이야기 하자는 것이었다.
그들은 깜깜한 사장실로 들어와 소파에 앉았다.
차를 갖고 들어온 비서가 방의 불을 켜려 하자 그가 말했다.

"그냥 이대로 놔둬요. 그리고 이 방에 잠깐 동안 아무도 들어오지 못하게 해줘요."

그러고 나서 소파에서 조금 떨어진, 사무실 안쪽에 있는 책상에 걸터앉아서 천천히 이야기하기 시작했다.

"마츠모토, 자네가 지금 딸에게 가장 해주고 싶은 말이 뭔가?"

미카의 아버지는 처음에는 '지금 뭐라고 말하는 거야?' 라고 생각했다.

하지만 이내 미카에게 '걱정하지 않아도 돼.' 라든지 '괜찮아.' 라든지 하는 말을 했다고 이토에게 말했다.

그러나 이토 씨는 그 말에 만족하지 않았다.

"사실은 딸에게 무언가 해주고 싶은 말이 있지 않아?"

아버지는 또다시 대답했다.

"괜찮아."

"걱정하지 마."

"이런 일로 너의 미래를 망칠 셈이냐?"

이 모든 말은 이미 미카에게 했던 말이었다.

그런데도 이토 씨는 아직도 만족하지 않았다.

"사실은 뭘 말하고 싶은 거지?"

몇 번이고 몇 번이고 되물었다.

"뭔가 말하지 않은 게 있지?"
"뭔가 잊어버리고 말하지 않은 거, 없어?"

깜깜한 방 안에 오직 이 질문만이 울려 퍼지고 있었다.
아버지는 계속해서 생각했다.
"미카는 자신이 마음의 상처를 입고 힘들면서도 '죄송하다'며 우리를 걱정하고 있어. 그런 상냥한 딸에게 하지 않은 말은……."

그때 갑자기 그의 머릿속으로 어떤 말이 떠올랐다.
마침내 발견한 것이다.

"이토, 나 말하지 않은 게 있어."

"그게 뭔가?"

그가 대답했다.
"딸에게 사랑한다는 말을 하지 않았어."

이토 씨는 다정하게 그를 바라보며 "어서 말해 주는 게 좋을 거 같은데?"라고 조언해 주었다.

미카의 아버지 눈에서는 어느새 눈물이 흘러내리고 있었다.
"말해 주지 않았어, 말해 주지 않았어."
괴로워하는 미카에게 가장 중요한 것을 전하지 않은 후회와 꼭 전해야 할 말을 발견했다는 기쁨에 그는 친구에게 인사도 대충 하고 집을 향해 달리기 시작했다.

미카의 아버지는 사회적 체면과 주위 사람들에게 알려지면 안 된다는 생각, 미카의 장래 등 온통 이런 것들만 신경 쓰다가 정작 중요한 말, '사랑한다.'는 말을 미카에게 하지 않았다는 것을 깨닫게 된 것이다.

딸에게 '사랑한다.' 고 말한 아버지

아버지는 집에 도착하자마자 미카에게 아직 하지 못한 중
요한 말이 있다고 어머니에게 이야기했다.

어머니도 그 말을 듣고 크게 끄덕였다.

아버지는 자리에서 일어나서 미카의 방으로 향했다. 어머
니도 그 뒤를 따라갔다.

미카의 방문은 굳게 닫혀 있었다. 마치 아무도 없는 것처
럼 아무 소리도 들리지 않았다.

아버지는 문을 노크하며 말했다.

"미카, 잠깐 문 좀 열어 볼래? 아빠가 너에게 전하고 싶은
말이 있단다."

별다른 말이 없기에 아버지는 천천히 문을 열었다.

미카는 침대에 앉아 있었다. 그녀는 '알았어요.' 하는 듯
한 눈빛을 보냈다.

아버지는 미카 옆에 앉아 눈을 똑바로 바라보며 이렇게 말
했다.

"아빠가 아직 너에게 하지 못한 말이 있단다."

미카는 가만히 아버지의 얼굴을 바라봤다.
아버지는 미카의 시선에서 눈을 떼지 않고 말했다.

"아빠는 세상에서 너를 가장 사랑한단다."

어머니는 두 사람 곁에서 눈물을 흘리고 있었다.
미카의 눈에서도 눈물이 흘러 나왔다.

아버지는 한 번 더 말했다.

"아빠랑 엄마는 무슨 일이 있어도 너를 이 세상에서 가장
사랑한단다."

세 사람은 서로를 끌어안고 울었다.
눈물이 앞을 가려 서로의 얼굴도 볼 수 없었다.
지금까지 쌓여 있던 무언가가 말끔히 씻겨 내려가는 것 같
았다.
그리고 세 사람 사이에는 지금까지보다 더 강한 신뢰가 쌓
이게 되었다.

그날 저녁 미카는 "나, 내일부터 학교 갈게."라고 말했다.

아버지는 홀로 생각에 잠겼다. 자신의 사회적 체면 때문에, 또 딸에게 상처를 준 상대에 대한 원망에 사로잡혀 부모로서 딸에게 가장 먼저 해줘야 할 말을 잊고 있었던 것이 부끄러웠다. 한편으로는 자신의 마음을 확실히 전하고 딸이 마음을 열게 된 기쁨으로 가슴이 벅차올랐다. 그리고 새삼스레 소중한 것을 깨닫게 해준 친구가 고마웠다.

더욱 끈끈해진 부모와 자식의 끈

부모로부터 '사랑한다.'는 말을 들은 후, 미카에게도 변화가 찾아왔다.
적극적으로 학교에 다니게 된 것은 물론이고 부모에게 모든 이야기를 하게 되었다.
이 가족에게는 다시 밝은 날이 돌아왔다.
가족의 유대감도 이전보다 훨씬 더 강해졌다.

그 후 가족은 두 번 다시 미카에게 아픈 기억을 주고 싶지 않아서 이사를 갔다. 그 사건 이후, 그 남자도 미카 앞에 더 이상은 나타나지 않았다.

　　큰 평화와 행복이 다시 가족을 감싸기 시작했다.

　　끝없이 맑은 여름 하늘에 미카를 태운 비행기가 은빛 날개를 빛내며 미국을 향해 날아갔다.

　　아버지와 어머니는 비행기가 보이지 않을 때까지 눈부신 하늘을 계속 바라보았다.

STORY 7

꿈을 포기한 어느 날,
우연히 만난
한 권의 책

다시 한 번 꿈을 향해 달리기 시작한 한 여자의 도전

일에 지쳐버린 날들

바다와 산으로 둘러싸인 시골에 사쿠라이의 본가가 있었다.

집 근처를 흐르는 강물 소리와 숲으로 모여드는 벌레들의 울음소리 등 도시에서는 더 이상 들을 수 없는 자연의 소리로 가득한 곳이었다.

그녀가 얼마 전까지 살고 있던 도시의 떠들썩함과는 완전히 정반대인 환경이라고 해도 과언이 아닐 정도다.

여기서 그녀는 지금, 느긋하게 여유로운 시간을 보내는 생활을 하고 있다.

28살이 된 사쿠라이는 한 출판사의 잡지 파트에서 편집 일을 했었다. 하지만 바로 며칠 전에 회사를 그만두고 본가가 있는 이 시골로 내려온 것이다.

그녀는 어려서부터 '작가가 되어 활약하고 싶다.' 는 꿈을 갖고 있었다.

그러기 위해서 대학을 졸업하고 망설임 없이 도쿄에 있는 출판사에 취직했다. 언젠가 프리랜서로 일하게 될 것을 대비하기에도 안성맞춤이라고 생각했기 때문이다. 이것으로 자신의 꿈에 한 발 다가서게 되었다고 기뻐했지만 현실은 그렇게 만만하지 않았다.

출판사 일은 지옥 그 자체였다.

막차 시간까지 일하는 것은 기본이었다. 담당하는 잡지의 원고 마감 날이 다가오면 산처럼 쌓인 일에 쫓겨, 집에도 못 가고 회사 소파에서 자는 일이 비일비재했다.

그런 때에도 상사인 부편집장은 위로의 말은커녕, "수고하는군. 그러나 이게 다 자네가 일처리를 효율적으로 하지 못해서 철야까지 하게 된 거야."라며 밉살맞은 소리만 해댔다.

　그녀는 그런 말에 저항할 여력도 없어 그저 무기력하게 웃을 뿐이었다.

　출판사 일이라고 하면 요즘 유행하는 패션이나 맛있는 레스토랑의 취재같이 화려한 이미지를 갖고 있는 사람이 많을 것이다. 실제로 사쿠라이도 그런 이미지를 갖고 있었다. 하지만 실제로는 그런 화려함과는 전혀 관계가 없는 극히 따분한 일들의 반복이었다.

　그래도 처음에는 열심히 일했다. 하지만 그런 상태가 끝나지 않고 계속되자 점차 심경에 변화가 생겼다.

　"왜 내가 이렇게 일을 해야 하는 거지?"

　일에 대해서도 수동적이거나 부정적으로 될 때가 많아졌다.

　그리고 언제부턴가 그녀는 피해의식에 사로잡히게 되었다. 어렸을 때부터 간직해 왔던 '작가가 되어 활약하겠다.'는 꿈도 언젠가부터 어디론가 사라져버렸다.

"이렇게 일만 하고 있으면 남자친구도 못 사귀고 해외여행은 꿈도 못 꿀 거야."

지방 출신인 사쿠라이는 회사 동기 외에는 주변에 터놓고 이야기할 친구조차 없었다. 그래서 스트레스를 풀지도 못하고 피로는 점점 쌓여만 갔다.

어느 날부터 그녀는 피곤해지면 습관처럼 본가가 있는 시골의 풍경과, 그곳에서 사는 부모님과 친구들의 모습을 떠올렸다.

입사할 당시에는 가끔씩 생각나던 시골의 추억도, 일이 힘들어지자 저절로 떠오를 때가 많아졌다. 그리고 머지않아 시간이 날 때마다 온통 시골의 추억만 생각하게 되었다.

그 이면에는 '이제 그만 고향으로 돌아가고 싶다.'는 간절한 마음이 있었다.

그래도 취직하고 몇 년간은 "애써 도시로 나와서 동경하던 직업을 갖게 되었으니 열심히 해야지." 하는 마음으로 약해지는 생각은 지워버렸다.

하지만 5년째에 접어들자, 결국 심신의 피로는 절정에 다

다랐다. 그녀는 마침내 마음의 실이 툭 끊어진 듯 회사를 그만두고 본가로 내려와 버렸다.

시골에서의 생활

시골로 돌아와 보니 언제나 그녀의 놀이 상대가 되어 주었던 산과 강과 바다가 지칠 대로 지친 그녀를 다정하게 맞아 주었다.

본가에서는 집안일을 돕거나 어머니가 부탁한 장을 보러 가거나 했다.

"역시 나한테는 이런 여유로운 생활이 잘 맞는다니까."
"이대로 여기서 지내는 것도 나쁘지 않을 거 같아."

곧 그녀는 근처 편의점에서 오전에만 아르바이트를 하게 되었다. 규칙적이지만 단순한 생활이었다.

컴퓨터를 켜는 일도 거의 없었다. 무언가를 쓰는 일도 없어졌다.

부모님도 그런 그녀에게 "그냥 이대로 집에 있으면서 좋은 신랑감을 찾아보는 게 나을 거야."라고 했다.

고향으로 돌아온 지 1년이 되어가자 그녀는 이런 생활을 계속해도 괜찮을 것 같았다.

그러던 어느 날, 오랜만에 그녀의 핸드폰이 울렸다. 그녀가 예전에 일했던 출판사에서 가장 친했던 동기에게서 걸려온 전화였다.

"오랜만이야! 잘 지냈어?"

늘 자기 옆에서 함께 밤늦게까지 컴퓨터 자판을 두들기던 친구 카토의 목소리였다.

"이번에 출장이 있어서 거기 근처로 가게 됐는데, 오랜만에 얼굴이나 보자고!"

마침 그녀는 매일 똑같은 시골생활에 약간의 허전함을 느끼고 있었던 차에, 보고 싶은 마음도 한몫 거들어 들뜬 목소리로 대답했다.

"응, 난 언제라도 괜찮아. 기다리고 있을게."

동기와 재회하다

그로부터 며칠 후, 카토는 역 근처 하나밖에 없는 커피숍에서 사쿠라이를 기다리고 있었다.

손님은 그녀 혼자뿐이었다.

예전에 사쿠라이에게 들었던 대로 한적한 시골 풍경이었다.

평소에는 심각한 얼굴로 일을 하던 카토도 웬일인지 온화한 표정이 되었다.

잠시 뒤에 사쿠라이가 가게 안으로 들어왔다.

"오랜만이야. 잘 지냈어?"

"여기에 있으니까 너무 한가해서 몸이 녹아내릴 거 같아. 너는 여전히 피곤해 보여. 출장이라더니, 일은 다 끝났어?"

"응, 다 끝내고 왔어."

오랜만의 재회였지만 마치 어제까지 함께 일했던 것처럼 느껴졌다.

"건강해 보여서 다행이야. 지금 무슨 일 하고 있어?"

카토의 질문에 사쿠라이는 솔직하게 집안일도 도우면서 편의점에서 일을 하고 있다고 말했다.

"그런데 그 편집장은 아직까지 잘 지내고 있지?"

"그 사람의 말버릇은 태어날 때부터 있던 거여서 몇 년이 지나도 그대로인 걸. 그래도 욕설을 퍼붓던 상대가 한 명이 줄어서 그런지 왠지 외로워 보여. 하하하……."

사쿠라이는 예전 일들이 그리운 듯이 카토의 이야기를 들었다.

"사실 오늘 알려 줄 게 하나 있어. 나 옛날부터 단행본 부서 희망했었잖아. 그래서 잡지 부서에 있을 때부터 몇 번이나 단행본 기획을 했었는데, 마침내 3개월 전에 꿈에 그리던 부서로 이동했어."

"와, 정말? 잘됐다. 입사할 때부터 계속 단행본 만드는 일을 하고 싶다고 하더니."

"응. 솔직히 일은 좀 힘들지만 역시 일하는 보람이 커. 무엇보다 내가 낸 기획이 이렇게 책으로 나왔으니까."

카토는 그렇게 말하며 큰 숄더백에서 책 한 권을 꺼내 그녀에게 주었다.

"와, 대단하다. 해냈구나."

"오늘 오래간만에 만난 기념이라고 하기엔 우습지만, 그 책을 줄게. 자."

"어, 정말? 고마워. 그럼 사양하지 않고 받을게. 그런데 정말 대단하다. 내가 회사를 그만두고 나서도 계속 열심히 일했구나. 결국 네가 하고 싶었던 일을 확실히 손에 넣었네."

"이 책이 완성된 걸 봤을 때는 내가 한 것이지만 그래도 조금 감동적이었어. 열심히 하길 잘 했다고 말이야."

"카토는 옛날부터 하기로 마음먹은 일은 꼭 해내는 타입이었나 보다."

"그렇지 않아. 뭐라 그럴까. 나한테 포기하지 않는 것의 소중함을 가르쳐 준 건 너야. 언제나 옆에서 늦게까지 계속 일하는 네 모습에 크게 영향을 받았으니까."

"어, 그랬어? 하지만 지금 나는 포기하지 않는 세계와는 전혀 다른 생활을 하고 있어."

두 사람은 이야기꽃을 피우며 몇 시간 동안이나 이야기를 했다.

"오늘 와 줘서 고마워. 너무 반가웠어."

"으응, 나도 오랜만에 여러 가지 이야기를 할 수 있어서 좋았어."

사쿠라이는 그날 바로 돌아가는 카토를 배웅하기 위해 역으로 갔다. 그녀는 카토와의 이별이 못내 아쉬웠다.

"그럼, 조심해서 가. 도쿄에 있는 사람들한테 안부 전해 줘. 아, 그리고 책 고마워. 나중에 꼼꼼히 읽을게."

"응. 야심작이니까 기대해도 좋을 거야. 그럼, 앞으로도 서로 힘내자. 안녕."

카토를 태운 열차는 미끄러지듯 소리를 내며 출발했다.

기차가 눈에서 멀어지자 사쿠라이는 카토에게 받은 책으로 눈을 돌렸다. 책을 받은 순간부터 계속 신경이 쓰였던 책의 제목이 다시 한 번 그녀의 눈에 들어왔다.

'인생이 변하는 순간'

문득 무언가 예감 같은 것을 느끼고 카토가 자신에게 책을 전해 주려고 일부러 온 것은 아닐까 하는 생각이 들었다.

한 권의 책이 인생을 바꾸다!

사쿠라이는 집으로 돌아오자마자 2층 방으로 뛰어 올라가 책을 펼쳤다.

그 책은 '인생을 변화시키기 위한 깨달음'에 관한 내용이었다.

"무슨 일에든 반드시 훌륭한 면이 있다. 중요한 것은 얼마나 그 일에 긍지를 갖고 있느냐이다."

"'무엇을 위해 일을 하는가?'라는 가장 근본적인 질문을 자신에게 던져보라. 그리고 그 답을 찾을 때 인생이 변하기 시작한다."

"어떤 상황에 처해 있든, 나이가 많든 적든, 어디에 있든 사람은 변할 수 있다."

"사람은 '다른 사람과 과거'를 바꿀 순 없지만 '자신과 미래'는 바꿀 수 있다."

"아무리 작은 반걸음이라도 좋으니까, 먼저 무언가를 시도해 보는 것이 중요하다."

이런 메시지들이 차례차례 눈에 들어왔다.

그녀는 시간이 가는 줄도 모르고 한 페이지, 한 페이지 읽어 나갔다.

공감하는 부분에서는 고개를 크게 끄덕이고 새롭게 발견한 것이 있으면 눈을 반짝이면서 계속해서 읽어 나갔다. 그러면서 가슴 한구석이 따뜻해져 오는 것을 느낄 수 있었다. 그리고 점차 주인공과 자신의 모습이 겹쳐 보이기 시작했다. 마지막 페이지까지 다 읽었을 때는 저절로 눈물이 흘러 나왔다.

1년 동안 가슴속에 묻어두기만 했던 무언가가 꿈틀거리기 시작한 것을 그녀는 조용히 느끼고 있었다.

지금까지 보지 못했던 것들

책을 다 읽고 한숨 돌린 후, 그녀는 자기 자신에게 질문을 던져 보았다.

"내가 정말로 하고 싶었던 일이 뭐지?"
"지금 내가 그것을 위해 할 수 있는 일은 무엇이 있을까?"
"나에게 있어 인생을 바꾸는 반걸음은 무엇일까?"

그녀는 밤을 새워가며 생각했다.

160

이곳에서 지낸 1년 동안 애써 외면하고 있었던 것들에 정면으로 부딪혀 봤다.

"출판사를 그만두고 지금은 시골 편의점에서 일을 하고 있지만, 내가 정말로 하고 싶은 일은 뭐였지?"
"나는 왜 그 일을 그만뒀지?"
"힘들어서? 아니, 그것만이 아냐. 뭔가 원인이 있었을 거야."

그녀는 계속해서 생각했다. 매일 매일 바쁘게 일하던 때의 모습이 선명하게 떠올랐다.

"그러고 보니, 처음 출판사에 들어갔을 때는 동경하는 마음이 컸던 것 같아. 그런데 막상 실제로 겪어 보니 예상했던 것보다 너무 힘이 들어서 점점 수동적으로 변했던 것 같아. 매일 매일 눈앞에 닥친 일만 겨우 처리하고, 그러다 보니 어느 순간 내 안에 피해의식이 생겼던 것 같아. 내가 왜 이 일을 하는지, 목적이 뭔지 생각하는 것도 잊고 있었어."

지금까지 보지 못했던 것들이 이 책을 계기로 점점 보이기 시작했다.

"그럼 나는 왜 그 일을 했던 거지? 작가가 되는 것이 꿈이었기 때문에? 출판사를 동경했기 때문에? 회사 분위기나 잡지가 좋았기 때문에? 확실히 그렇기는 하지만 그래도 뭔가 부족한 느낌이 들어. 뭔가 다른 무언가가 있었던 것 같은데……."

이렇게 자신에 대해서 생각해 보는 것은 처음이었다. 그녀는 자기 자신과의 대화를 통해 매우 깊은 곳에까지 생각이 닿을 수 있었다.

"…… 애초에 나는 왜 작가가 되려고 한 거지?"

그때였다.
동틀 무렵의 새벽 햇살이 방 안으로 들어와 방 한구석에 진열되어 있던 상자를 비추었다. 그녀는 상자 속에 있는 상장을 발견했다.
그것은 그녀가 학창시절에 작문으로 상을 탔을 때 받았던 상장이었다.

상장은 마치 무언가를 말하고 있는 것 같았다.

"그래, 그러고 보니 그때는 글을 쓰는 것이 너무나 즐거워서 매일 무언가를 썼던 것 같아. 내가 생각한 거나 느낀 것을 글로써 누군가에게 전한다는 것이 너무 즐거웠어. 훌륭한 책이나 에세이를 읽고 감동해서는 나도 이렇게 글을 잘 쓸 수 있었으면 좋겠다고 생각했었지."

그때, 자기 안에서 계속 꺼져 가던 반짝이는 감각들이 또렷이 되살아났다.

"난 역시 글을 쓰고 싶어! 멋진 글과 만나는 순간의 그 감동을 이번에는 내가 누군가에게 주고 싶어!"

창작에 대한 열정

그녀는 오랜만에 그동안 사용하지 않았던 컴퓨터를 켰다. 자세히 보니, 꽤 먼지가 쌓여 있었다.

그녀는 이곳에서 보낸 1년의 시간들을 되돌아보듯, 천천히 먼지를 털어냈다.

컴퓨터는 천천히 시동이 걸리더니 그녀에게 마치 '잘 왔어.'라고 말하는 것처럼 예전과 다름없는 화면을 보여 주었다.
그립고 반가운 마음에 가슴이 뻐근했다.

그녀는 먼저 인터넷으로 출퇴근할 수 있는 범위 내의 잡지 기자 일을 찾아보았다.
그러나 좀처럼 쉽게 찾을 수 없었다.

그래서 몇 개의 다른 키워드로 검색해 보다가, 프리페이퍼 전속작가를 모집하고 있는 작은 회사를 발견할 수 있었다. 그녀의 집에서 자동차로 20분 정도 걸리는 거리였다.

그녀는 전화기를 집어 들고 곧바로 그 회사에 전화를 걸려 했다.
전화번호를 누르려고 하는 순간, 그녀는 갑자기 손을 멈춰 버렸다. 용기가 나질 않아서 도저히 버튼을 누를 수 없었던 것이다.

새로운 출발

"어떡하지? 아무리 하고 싶어도 1년 동안이나 공백이 있고, 정말로 지금의 내가 작가 일을 할 수 있을까? 어쩌면 전에 일했던 출판사 때와 마찬가지일지도 몰라."

그녀는 한숨을 쉬었다.
도전하고 싶은 마음과 불안한 마음 사이에서 흔들리고 있었다.
그 순간, 그 책이 또다시 눈에 들어왔다.
마치 그녀에게 '힘내!' 라고 말해 주는 것 같았다.
살그머니 손을 뻗어 그 책을 꽉 움켜쥐었다.

그녀의 마음에 다시금 용기가 솟아났다.

"지금, 움직이지 않으면 안 돼! 나에게 있어서 인생을 바꿀 반걸음은 지금 전화를 걸어서 새로운 세계로 날아가는 일이야!”

그렇게 자신을 타이른 그녀는 눈을 질끈 감고 전화 버튼을 눌렀다.

“…… 여보세요, 저는 사쿠라이라고 합니다. 인터넷에서 전속 기자를 모집한다는 공고를 보고 전화 드렸습니다.”
사쿠라이의 목소리는 긴장한 탓인지 조금 떨리고 있었다.

전화를 받은 담당자는 차분한 느낌의 남자였다. 그녀가 기자에 지원한다고 하자 전화를 받은 남자가 말했다.
“네, 지원해 주셔서 감사합니다. 저기, 일단 사전에 미리 말씀드리겠습니다. 저희 회사는 사원이 적어서 기자가 편집 일도 같이 해주셨으면 합니다. 한 사람 한 사람이 해야 할 일이 무척 많고 자신이 쓰고 싶은 글만 쓸 수 있는 것도 아니기 때문에 꽤 힘든 일입니다만, 괜찮겠습니까? 바로 얼마 전에도 이 직업을 동경해서 들어왔다가 금방 그만둬 버린 사람이 있습니다. 기자라는 것이 생각보다 꽤 힘든 일이거든요.”

그녀는 예전 출판사에서 일할 때의 기억이 떠올랐다.

그러나 지금은 그때와 달랐다. 일에 대한 명확한 목적을 발견한 그녀는 전화기를 꽉 움켜쥐고 힘 있게 대답했다.

"네, 괜찮습니다. 사실은 예전에 도쿄에 있는 출판사에서 편집자로 일한 적이 있어서 대략적인 일의 흐름이나 일이 힘들다는 것 정도는 알고 있습니다. 그래도 저는 감히 작가로서 일하고 싶어서 연락을 드렸습니다. 저는 제가 생각한 것이나 느낀 것을 글로 써서 다른 사람들에게 전달하는 것을 매우 좋아합니다. 귀사에서 저의 감성을 살려 독자에게 감동을 줄 수 있는 글을 쓰고 싶습니다. 그럴 수 있다면 아무리 고된 일이라도 전혀 문제가 되지 않습니다. 열심히 최선을 다하겠습니다. 잘 부탁드립니다."

"그렇습니까? 알겠습니다. 그러면 한번 방문해 주시겠습니까? 다음 주 월요일에 시간 있으십니까? 오후 1시는 어떠신지요?"

"괜찮습니다. 감사합니다."

그녀는 천천히 전화를 끊었다.

그녀는 전화기를 테이블 위에 내려놓고서야 손바닥에 땀

이 촉촉이 배어 있는 것을 알았다.

심장은 아직도 두근거리고 있었다.

멈춰 있던 그녀의 인생 시계는 그 순간, 확실히 움직이기
시작했다.

인생이 변하는 순간

누구나 '인생이 변하는 순간'이 찾아온다

'변한다.'는 것

사람은 반드시 변할 수 있다.

그리고 그것은 환경, 연령, 장소와는 아무런 관계가 없다.

"어떤 상황이든, 나이가 많든 적든, 어디에 있든 사람은 누구나 변할 수 있다."

나는 그렇게 확신한다.

이를테면, 사람은 '다른 사람과 과거'를 바꿀 수는 없지만 '자신과 미래'는 바꿀 수 있다.

'당연한 거 아냐.'라고 생각하는 사람도 있을지 모르지만,

이런 관점이야말로 '인생이 변하는 순간'을 맞이하는 매우 중요한 '기점'이 된다.

그렇다면 이 '변한다.'는 것은 도대체 무엇이 변하는 것일까?

예를 들면, 조금만 더 키를 늘리고 싶다고 해도 그것은 늘릴 수가 없다.
아무리 10년 전으로 돌아가고 싶어 해도 결코 돌아갈 수 없다.

여기서 말하는 '변한다.'는 것은 '자기 자신의 사고방식'이며 거기에 따른 '행동'이다.
이 두 가지는 당신이 생각하는 대로 변화될 수 있는 것들이다.
인생이란 태어나서 죽을 때까지의 시간의 총화이다.
그 인생을 되돌아보았을 때, 누구나 다양한 장면 속에서 '사고방식과 행동이 변하는 순간'과 조우하게 될 것이다.
인생이라는 것은 '변하는 순간'이 쌓인 것이며, 그것을 통해 인간은 성장해 가는 것이기 때문이다.

'변한다.'고 하는 것은 누군가에게 부탁해서 그 사람이 당신의 인생을 대신 변화시켜 주는 것이 아니다. 바꿀 수 있는 것은 자기 자신뿐이다. 그러므로 우선 스스로 변하고자 하는 의지를 갖는 것이 무엇보다 중요하다.

예를 들어, 당신이 어떤 곤란한 상황에 처해 있다고 해보자. 그때 당신은 그 상황을 어떻게 헤쳐 나가겠는가?

만약 그것을 다른 사람의 탓으로 돌린다면 당신은 '인생이 변하는 순간'을 절대로 맞이할 수 없을 것이다.

'다른 사람 탓으로 돌린다.'는 것은 '나는 변하지 않아. 나는 무기력할 뿐이야.'라고 이 세상에 선언하는 것이나 마찬가지이다. 가장 먼저 자신은 얼마든지 변할 수 있다고 하는 인식에서부터 출발해야 한다.

그렇다면 자신의 '인생이 변하는 순간'을 맞이하려면 어떤 마음가짐으로 하루하루를 보내야 할까.

여기서 나는 당신에게 5가지 질문을 던져 보겠다.

다섯 가지 질문

다음의 다섯 가지 질문을 자기 자신에게 해보자.

1. 현재의 상황을 만들고 있는 것은 누구인가?
2. 당신은 앞으로 어떤 사람이 되고 싶은가?
3. 그것을 위해 지금 무엇을 하고 있는가?
4. 자신이 되고 싶은 모습과 현재 자신의 모습 사이에 차이가 있는가?
5. 좀 더 나은 방법은 없는가?

당신은 이 다섯 가지 질문에 확실히 대답할 수 있는가?

곧바로 대답하지는 못하더라도 이 다섯 가지 질문의 흐름에 따라 자신의 인생을 적극적으로 생각하고 행동한다면 '자기 자신과 미래'는 반드시 좋은 방향으로 변할 것이다.

그러면 여기서 각각의 질문에 대해 간단히 설명해 보겠다.

1. 현재의 상황을 만들고 있는 것은 누구인가?

지금 당신이 처해 있는 상황은 모두 당신 자신이 만들어낸 결과이다.

그러나 실제로 그렇게 생각하는 사람은 매우 드물다.

예를 들면, 일이 뜻대로 잘 풀리지 않았을 때 그것을 상사 탓이나 회사 탓, 다른 사람의 탓으로 돌린 적은 없었는가?

다른 사람에게 무언가를 의뢰했는데 그 사람이 자신이 생각한 대로 움직여 주지 않아서 안절부절못한 적은 없는가?

'그때 이렇게 했으면 좋았을 텐데.'라며 과거의 일을 후회하거나 되돌리고 싶다고 생각한 적은 없는가?

만약 당신이 현재의 상황을 그렇게 생각하고 있다면, 그 문제는 언제까지나 해결되지 않을 것이다.

왜 그럴까?

그것은 당신이 스스로 바꿀 수 없는 것, 통제할 수 없는 것들에 초점을 맞추고 있기 때문이다. 상황이나 다른 사람은 바꿀 수 없다.

몇 번이나 강조하지만, 당신이 변화시킬 수 있는 것은 당신 자신뿐이다.

다른 사람은 아무리 변화시키려 해봤자 스트레스만 쌓일 뿐 아무것도 변하지 않는다.

그러나 자신이 변하면 주변의 사람과 환경도 저절로 반응

해서 서서히 변해 간다.

바로 미래가 변해 가는 것이다.

'모든 원인은 자신에게 있다. 그러므로 그 원인을 변화시킬 수 있는 사람도 자기 자신뿐이다.' 이것을 정확히 이해하는 것에서부터 출발해야 한다.

2. 당신은 앞으로 어떤 사람이 되고 싶은가?

이 질문에 대한 답을 확실히 갖고 있는 사람도 의외로 적다. 그렇지만 걱정할 필요는 없다. 중요한 것은, 늘 자기 자신에게 '지금 이대로 괜찮은가?' 라고 질문을 해보는 것이기 때문이다.

Story 7의 주인공인 사쿠라이가 했던 것처럼 자기 자신과 대화를 나누는 것이다. 그렇게 함으로써 비로소 마음의 안테나가 작동하기 시작한다. 그리고 그 해답의 힌트를 자연스럽게 찾아낼 수 있다.

Story 1에서 말한 것처럼 나는 처음에 '사법고시를 보고 싶다.'고 생각했었다. 하지만 사실 그것은 굉장히 막연한 생각이었다. 나는 사회주의라는 말조차 그것이 무엇을 의미하는지 잘 모르고 있었다.

바꿔 말하면, 무언가에 필사적으로 매달리고 싶었던 때에 그 매달릴 과제로 '사법고시'를 선택한 것이지, 그 이상의 명확한 뜻은 없었다.

그 결과, 원하던 대로 필사적으로 공부할 수는 있었다. 하지만 몇 번씩이나 '불합격'이라는 현실에 부딪혀야 했고, 그 후 내가 정말로 하고 싶은 것은 무엇인가 하는 생각을 하게 되었다.

그때 생각한 것이 '어찌 됐든 목표한 것을 이루어 보자.'는 것이었다.

나는 20대를 학생 신분으로 보냈기 때문에 당연히 그 시간 동안 세금을 내지 않았다.

그래서 20대를 마무리하며 '어른으로서, 남자로서 이대로는 안 된다. 성과를 내고 목표를 이루어서 확실히 세금을 내는 사람이 되자.'고 더욱 진지하게 생각하게 되었다. 그리고 화장품 영업이라고 하는 직업과 우연히 만나게 되었다. 처음에는 성과가 나오지 않았지만 화장품 영업이라고 하는 일의 의미, 훌륭함을 깨닫고부터는 인생이 변하는 것을 경험할 수 있었다.

Story 3에 등장하는, 아르바이트로 시작해서 정사원이 된 미즈노도 힘든 상황에 놓여 당장 뭐라도 해야 될 것 같은 괴로운 심정이었다. 그래서 상사인 타카조 과장에게 '너는 왜 이 일을 하고 있으며, 앞으로 어떻게 되고 싶은가?' 라는 질문을 받았을 때 그만큼 더욱 진지하게 고민하고 깊이 생각할 수 있었던 것이다. 또한 그것이 최종적으로 자신을 변화시키는 원천이 되었다.

자신이 할 수 있는 것부터 시작해 보아라.
너무 크고 막연한 것을 좇는 것이 아니라 우선은 한 발 앞을, 아니 반걸음 앞을 생각하며 나아가는 것이 좋다.
나의 경우에는 화장품이 잘 팔리지 않는 시기에 '많이 팔고 싶어.' 라든지, '될 수 있는 한 많은 사람에게 팔고 싶다.' 고 생각하지 않았다. 우선은 눈앞에 있는 화장품 한 개, 파운데이션 한 개를 팔자고 생각했던 것이 그 후의 성공과 연결될 수 있었다.

3. 그것을 위해 지금 무엇을 하고 있는가?

4. 자신이 되고 싶은 모습과 현재 자신의 모습 사이에 차이가 있는가?

이 두 가지 질문은 함께 생각해 보자. 왜냐하면 세 번째 질문을 생각하다 보면, 그 생각이 그대로 네 번째 질문으로 이어지기 때문이다.

그리고 여기서 무엇보다 중요한 것은 현실의 자신을 절대로 애매모호하게 바라보지 않는 것이다.

지금 자신이 하고 있는 것을 확실히 직시해야 한다. 이것은 꽤 용기가 필요한 일이다.

'자신은 어떤 사람이 되고 싶은가?' 라고 하는 것을 생각하면 생각할수록, 되고 싶은 자신의 모습과 현재 자신의 모습 사이의 차이와 직면하게 되어 괴로울지도 모른다. 그러나 여기서 외면해서는 안 된다. 오히려 그 괴로운 마음을 소중하게 여겨야 한다.

화장품 판매로 힘들어하던 시절, 결과를 내고 싶기는 하나 도저히 대학 연구실에는 못 가겠다는 자신의 모습을 보며 나는 매우 괴로워했었다.

꼭 해야 할 일을 하지 않고 있다는 사실이 나를 괴롭게 했던 것이다.

그런 사실을 직시하기란 매우 어려운 일이지만 그것을 밟고 넘어서서 자신에게 끊임없이 질문을 던져야 한다. 나의 경우에도 그것을 넘어서서 그 차이를 없앤 다음, 화장품 영업이라는 일의 훌륭함을 깨달을 수 있었다.

그러나 혹시라도 그 차이를 외면하고 있다면 어떻게 해야할까. 그때는 그렇게 '외면'하고 있는 것 자체에 먼저 주목해야 한다. 그러면 자연스럽게 그 차이와 마주보게 되고, 그 결과 반걸음 또는 한 걸음을 내딛을 수 있게 된다.

Story 6에서 딸 미카가 마음에 상처를 받았을 때 미카의 아버지는 어떻게 해서든 그녀가 예전의 명랑한 그녀로 돌아오길 원했다. 그래서 '걱정하지 않아도 돼.'라든지, '괜찮아.'라고 말을 걸어 보았지만 좀처럼 잘되지 않았다.
무언가 중요한 것을 전하지 않은 것 같은 기분이었다. 그것이 바로 차이이다.
미카의 아버지는 그 차이로부터 눈을 돌리지 않고 계속 직시했고, 상담을 통해 그 차이를 메울 수 있었다.

182

Story 7의 사쿠라이도 자신이 되고 싶은 모습과 현재 자신의 모습 사이의 차이점을 몰라 고민하고 있었다. 고향으로 돌아온 뒤, 그곳을 방문한 친구 카토의 선물을 통해 그녀는 그 차이점을 확실히 깨닫게 되었다. 그리고 반걸음을 내딛을 결심을 한 것이다.

5. 좀 더 나은 방법은 없는가?

인생은 태어나서 죽을 때까지의 시간의 총화라고 했다. 그리고 그 시간의 어디쯤에 위치해 있더라도 사람은 누구나 살아 있는 한 성장할 수 있다.

그러므로 아무리 나이가 많다고 하더라도 '더 이상 변하지 않아도 돼.'라고 하는 일은 절대로 없는 것이다.

지난번에 나는 한 병원으로 병문안을 다녀왔다.

그 병원에는 예전에 나와 함께 일했던 여성이 입원해 있었다.

그녀는 아직 40대 초반으로 매우 유능한 여성이었다.

그러나 병으로 인해 지금까지처럼 일하는 것이 어려운 상황이었다.

나는 병문안을 가기 직전까지도 매우 바빴었기 때문에 병원에 도착할 때는 매우 지친 모습이었다.

그러나 그녀와 만나서 이야기 하는 사이에 나는 그녀 앞에서 피곤함을 드러냈던 것이 너무나 부끄러워졌다.

그녀는 큰 눈망울로 나를 똑바로 바라보며 가냘픈 목소리로 호소하듯이 말했다.

"나도 지금 마음껏 일하고 싶어!"

"큰 회사에서 일할 수 있어서 정말 행복했어. 할 수만 있다면 다시 회사로 돌아가고 싶어."

"무언가에 푹 빠져서 열중할 수 있다는 건 정말로 행복한 일이야. 나는 요즘 그걸 절실히 느껴."

나는 현재 상황도 만족스럽고, 몸도 건강하고, 이렇게 열중해서 일도 할 수 있다.

그녀의 말에 따르면 이렇게 행복한 일은 없는 것이다.

그로부터 열흘 정도 지나서 그녀는 천국으로 여행을 떠났다. 내 손에 남아 있는 그녀의 자그마한 손의 온기가 나에게 용기를 주었다.

나는 그녀가 그토록 돌아가고 싶어 하던 회사에서 그녀의 몫까지 더욱 열심히 해야겠다고 절실히 생각했다.

내 친구들 대부분은 이제 정년이 얼마 남지 않아서 인생의 종반부를 맞이하고 있다고 생각한다.

하지만 나는 절대로 그렇게 생각하지 않는다.

오히려 지금도 설레는 마음으로 영어공부를 시작하거나 새로운 것에 몰두하고 싶다.

사람은 아무리 나이가 많더라도 '인생이 변하는 순간'과 만날 수 있다.

지금부터라도 분명 더 나은 방법이 있다는 것을 잊지 말고 항상 앞을 보고 나아가자.

모든 것의 원인은 바로 자기 자신이기 때문에 얼마든지 긍정적인 사고방식으로 바꿀 수 있다.

그 결과, 행동 또한 긍정적으로 변하게 된다.

그렇게 해서 사람은 늘 성장해 나가는 것이다.

오늘 '작은 반걸음'을 내딛어 보자

자신이 바라는 일과 현실 사이의 거리감을 느꼈을 때, 그 것을 없애기 위해서는 먼저 무언가를 시작해 보는 것이 중요 하다.

그것이 아무리 작은 반걸음이라도 상관없다.

예를 들면, 지금까지 영업 일을 하면서 하루에 약속을 두 건 잡았었다면 이제는 그것을 한 건 더 늘려 보는 것이다.

부부관계가 왠지 매너리즘에 빠진 것 같다면, 아내에게 자 신이 먼저 '고마워.'라고 하루에 한 번 말해 보는 것이다.

어쨌든 무엇인가 시작하는 것이 중요하다.

그리고 일단 시작했다면 그것을 계속해 나가야 한다.

'사고방식'과 '행동'이 바뀌면 인생은 변하게 되어 있기 때문이다.

오늘 당신은 지금까지보다 나은 '무엇'을 하고 있는가?

오늘 해볼 '작은 실천'을 한 번 써 보는 것은 어떻겠는가?

그렇게 써 나가는 작은 실천이 당신의 '인생이 변하는 순 간'이 될 것이다.

186

8번째의 '인생이 변하는 순간' 은 당신 스스로 만들어 주기를 바란다. 언젠가 꼭 그 8번째 이야기를 듣게 되기를 기대하겠다.

이 책은 많은 분들의 조언과 도움으로 탄생할 수 있었다.

먼저 이러한 기회를 주신 어치브먼트(achievement) 출판사의 아오키 히토시 사장님께 감사드린다. 이야기 형식의 책을 출판하고 싶었던 나의 새로운 시도를 아오키 사장님께서 흔쾌히 승낙해 주신 덕분에 이 책이 세상에 나올 수 있었다. 감사드린다.

또 이 책의 기획 단계에서 어치브먼트 출판사의 타치바나 카오루, 시무라 토모히코 두 분의 협조 없이는 불가능했을 것이다. 또한 집필 과정에서도 츠보이 케이조오, 하마에 준코 두 분에게 많은 조언을 얻었다. 아울러 대략적인 원고가 완성된 다음에는 많은 사람들이 원고를 읽고 모니터 해주셔서 어떻게 하면 더 나은 원고가 될지에 대한 의견도 얻을 수 있었다. 진심으로 모든 분들께 감사드린다.

그리고 마지막까지 끊임없이 응원해 주신 어치브먼트 출

판사의 타츠미 료타, 시로야마 히로아키, 스기우라 아야노, 호소야 마사히로에게 감사드린다.

또한 나의 연수 수강생 모두에게 감사의 마음을 전하고 싶다. 그들의 인생에 대한 진지한 자세를 통해 많은 깨달음과 용기를 얻을 수 있었고 좋은 책을 만들 수 있도록 큰 힘이 되어주었다.

이 책을 읽어준 독자 여러분에게도 진심으로 감사의 마음을 전한다. 이 책을 통해 독자 여러분이 자신의 인생에서 반보를 내딛게 되었다면, 저자로서 매우 큰 보람을 느낄 것이다.

마지막으로 아내인 노리코에게도 감사하다. 23년 동안 아내와의 사랑을 통해 나는 삶 속에서 많은 '인생이 변하는 순간'과 만날 수 있었다.

지면을 대신해 다시 한 번 고맙다는 말을 전한다.

'여보, 고마워.'

끝으로 나의 세 명의 자녀에게도 이 책을 통해 말하고 싶은 것이 있다.

'인생은 훌륭한 것이라는 것, 인생은 너희들의 선택에 달렸다는 것, 인생을 바꾸는 것은 언제라도 가능하다는 것, 그리고 마음껏 살기를 바란다는 것' 을 말이다.

– 사이토 에이로 –

생각을 바꾸면 인생이 변한다

●
초판 1쇄 발행 ‖ 2016년 11월 15일

●
지은이 ‖ 사이토 에이로
옮긴이 ‖ 홍윤주
펴낸이 ‖ 김종호
펴낸곳 ‖ 밀라그로
주 소 ‖ 경기도 고양시 일산동구 호수로446번길 7-4(백석동)
전 화 ‖ 031) 907-9702
팩 스 ‖ 031) 907-9703
E-mail ‖ milagrobook@naver.com
등 록 ‖ 2016년 1월 20일(제2016-000019호)

●
ISBN ‖ 979-11-87732-00-6 (03320)

* 책값은 뒤표지에 있습니다.
* 경성라인은 밀라그로의 자회사입니다.
* 잘못 만들어진 책은 구입하신 곳에서 바꾸어 드립니다.